刑事诉讼中
证人证言相关问题研究

秦 野 著

中国人民公安大学出版社
·北 京·

图书在版编目（CIP）数据

刑事诉讼中证人证言相关问题研究/秦野著．—北京：中国人民公安大学出版社，2015．11

ISBN 978－7－5653－2415－4

Ⅰ．①刑…　Ⅱ．①秦…　Ⅲ．①刑事诉讼—证人—研究—中国

Ⅳ．①D．925．213

中国版本图书馆 CIP 数据核字（2015）第 245316 号

刑事诉讼中证人证言相关问题研究

秦　野　著

出版发行：中国人民公安大学出版社
地　　址：北京市西城区木樨地南里
邮政编码：100038
经　　销：新华书店
印　　刷：北京兴华昌盛印刷有限公司

版　　次：2016 年 1 月第 1 版
印　　次：2016 年 1 月第 1 次
印　　张：5．75
开　　本：880 毫米 × 1230 毫米　1/32
字　　数：125 千字

书　　号：ISBN 978－7－5653－2415－4
定　　价：35．00 元

网　　址：www．cppsup．com．cn　www．porclub．com．cn
电子邮箱：zbs@ cppsup．com　zbs@ cppsu．edu．cn

营销中心电话：010－83903254
读者服务部电话（门市）：010－83903257
警官读者俱乐部电话（网购、邮购）：010－83903253
公安业务分社电话：010－83905672

序

证人为什么说谎？证人是否在说谎？证人的判断是否是事实？这一直以来都是困扰刑事诉讼乃至民事诉讼、行政诉讼实践的主要问题。《刑事诉讼中证人证言相关问题研究》一书的出版，增强了大家对证人证言研究的关注度。全书共分为五章内容，围绕证言失真、证人作伪证、证人拒绝作证问题展开具体阐述，并通过对与刑事诉讼中证人证言相关制度的价值基础的分析，对相应的规则、制度以及具体程序的探讨提出了一系列相应的立法建议。

作者秦野是我在1996年辅导过的硕士研究生，后来在我去澳门科技大学做兼职教授之后，他又追随我去攻读了博士学位。《刑事诉讼中证人证言相关问题研究》便是秦野在自己的博士毕业论文基础上形成的一部作品。从北京大学法学院毕业之后，秦野从事了一段时间的公诉人工作，之后便开始另辟蹊径，走上了法律界跨界研发高科技产品的科技强警之路。其间，他运用所学法律知识，与最高人民法院联合，创造性地研发了法院应用“常用百种罪名量刑辅助系统”软件（简称“电脑量刑”软件）和检察院应用“量刑建议系统”软件，并获得专利。其虽已离开了司法队伍，但仍潜心钻研如何运用高科技手段为中国的司法领域服务，即当今所称的“法律互联网”。

当书稿送到我的案头嘱我作序时，令我吃惊不小，担心其所写的博士毕业论文距今已有近十个年头，与近年来陆续颁布的新法是否协调？读完全书，虽然还能看到当年博士毕业论文的影子，但在个别章节里有些内容已经依照新法进行了更新，基本上做到了与时俱进。当然书中还有一些不足之处，但瑕不掩瑜，本书对于诉讼实践中证人证言的研究有一定的新意和现实论证意义。

证人证言真实性判断是一个历久弥新的话题，作者秦野不忘初心，出版此书，揣其意，应该是为给自己的求学经历留下一个纪念，并在此领域以期抛砖引玉。我作为其硕士、博士的导师，作序自当欣欣然。

张玉镶

2015年9月14日

写于北京大学法学院陈明楼

目 录

第一章 绪论 …………………………………………… (1)

第二章 证人证言失真相关问题的探讨 ………………… (7)

第一节 概述 ……………………………………………… (7)

一、证人的概念 ………………………………………… (7)

二、刑事诉讼法关于证人的基本规定 ………………… (8)

第二节 证人资格 ………………………………………… (9)

第三节 证人的心理要求 ………………………………… (14)

一、正常的感知能力 …………………………………… (15)

二、正常的记忆能力 …………………………………… (15)

三、正常的陈述能力 …………………………………… (15)

第四节 证人证言的概念与特征 ………………………… (16)

一、证人证言的概念 …………………………………… (16)

二、证人证言的特征 …………………………………… (17)

第五节 证人证言的类型 ………………………………… (19)

一、有罪证言和无罪证言 ……………………………… (19)

二、原始证言和传来证言 ……………………………… (20)

三、直接证言和间接证言 ……………………………… (21)

四、书面证言和口头证言 …………………………（22）
第六节　证人证言的形成 …………………………（23）
一、感知阶段 …………………………（23）
二、记忆阶段 …………………………（24）
三、陈述阶段 …………………………（24）
第七节　证人证言在刑事诉讼中的意义 …………………………（24）
一、有利于查明案件事实 …………………………（25）
二、有利于确定案情 …………………………（26）
三、有利于正确处理案件 …………………………（26）
四、有利于避免、减少和杜绝刑讯逼供事件的发生 …………………………（26）
第八节　证人证言失真的因素 …………………………（27）
一、感知阶段对证言形成的影响 …………………………（29）
二、记忆阶段心理因素对证言的影响 …………………………（42）
三、陈述阶段影响证言的因素 …………………………（48）
四、暗示对证人证言的影响 …………………………（54）
第九节　证人证言失真的矫正 …………………………（58）
一、确定收集证人证言的原则 …………………………（58）
二、确立收集证人证言的方法 …………………………（64）
三、建立证人证言审查评断制度 …………………………（67）
第三章　证人作伪证相关问题的探讨 …………………………（72）
第一节　中国古代关于伪证方面的规定 …………………………（72）
一、证言审查制度 …………………………（73）
二、伪证的处罚 …………………………（73）
三、证言的证明力 …………………………（74）

第二节　境外部分国家或地区关于伪证方面的规定 …（76）
一、证人宣誓和具结制度 ……………………………（76）
二、关于证人能力问题 ………………………………（78）
三、证人证言的质证 …………………………………（80）
四、证言的可采性规则——传闻证据的排除规则 …（83）
第三节　我国现行法律对伪证罪的界定 ……………（84）
一、本罪在客观方面的规定 …………………………（84）
二、伪证罪的主体 ……………………………………（86）
三、伪证罪的主观方面 ………………………………（87）
第四节　证人伪证的原因和动机分析研究 …………（87）
第五节　证人伪证的处罚的完善 ……………………（89）
一、刑事制裁 …………………………………………（89）
二、对伪证罪追究程序 ………………………………（89）
第四章　证人拒绝作证相关问题的探讨 ……………（91）
第一节　关于证人拒绝作证行为的形式 ……………（93）
一、证人拒证行为的概念、特征 ……………………（93）
二、证人拒证的形式 …………………………………（95）
三、证人拒证行为的危害性 …………………………（97）
第二节　证人拒绝作证原因分析 ……………………（98）
一、证人拒绝作证的外在原因 ………………………（98）
二、证人拒绝作证的内在原因 ………………………（108）
第五章　刑事诉讼中证人证言相关制度的立法建议 ……（114）
第一节　构建刑事诉讼中证人证言相关制度的
价值基础 ……………………………………（114）

一、程序公正与实体公正 …………………………………… (114)
二、效率 ……………………………………………………… (117)
三、公共利益价值 …………………………………………… (118)
第二节　证人证据规则的完善 ……………………………… (120)
一、宣誓制度与保证书制度 ………………………………… (120)
二、传闻证据排除规则和证人出庭的义务 ………………… (121)
三、证人特权规则 …………………………………………… (126)
四、证人保护规则 …………………………………………… (134)
五、证人处罚规则 …………………………………………… (139)
第三节　关于警察作证问题 ………………………………… (149)
一、英美法系和大陆法系的规定 …………………………… (150)
二、我国的法律规定及分析 ………………………………… (152)
三、警察出庭作证的必要性 ………………………………… (156)
四、我国警察不作证对刑事质证制度的
负面影响 ……………………………………………… (165)
主要参考文献 ……………………………………………… (172)
后记 ………………………………………………………… (175)

第一章　绪　论

自古以来，证人证言在诉讼活动中是被广泛适用的重要证据之一，如《周礼·秋官·司盟》记载："有狱讼者，则使盟诅。凡盟诅，各以其地域之众庶，共其牲而致焉。"这应该是人类历史上最早的明确规定要在群众中进行调查、获取证人证言这种证据形式的法律了。《周礼·秋官·小司徒》记载："凡以财狱讼者，正之以傅别、约剂。"意思为凡民间诉讼，都要到当地调查取证；土地纠纷，要用政府存档的地图来核查；因财产引起的诉讼，要以契约、合同为证。又言："凡属责者，以其地傅而听其辞。"意思为因债务而产生的诉讼，不仅要有凭据，还必须有当地的证人证言来证实。① 这也应该是历史上最早的明确规定诉讼所需要的书证、物证、证人证言的法律了。

在当代，证人证言仍是刑事诉讼中最普遍、最关键的证据之一，几乎在任何案件的侦查阶段都要询问证人。② 在审判阶段，证人证言的运用率也很高，对认定案件事实发挥着十分重

① 潘久维著：《审判心理学》，四川科学技术出版社 1989 年版，第 181 页。

② 张玉镶、文盛堂著：《当代侦查学》，中国检察出版社 1998 年版，第 352 页。

要的作用。

《中华人民共和国刑事诉讼法》（以下简称《刑事诉讼法》）第113条规定："公安机关对已经立案的刑事案件，应当进行侦查，收集、调取犯罪嫌疑人有罪或者无罪、罪轻或者罪重的证据材料……"这里既规定了公安机关侦查阶段的主要任务，又界定了收集证据的范围。第122条至第125条规定了侦查机关在侦查过程中询问证人的具体程序。第187条至第189条规定了在法庭审判过程中证人作证的具体程序。第89条又明确规定了证人证言为八种法定证据之一。可见，侦查人员收集证人证言以及在审判阶段对证人进行询问都是刑事诉讼活动的重要组成部分，证人证言也是刑事诉讼中一种重要的证据种类。

证人证言作为判定案件性质的重要证据，已被大家所公认和法律所肯定。然而，在侦查实践中，证人证言是否全部符合客观事实，是否会出现证言失真、伪证、拒不作证的现象呢？回答是肯定的。首先，证人证言失真的情况是绝对存在的。辩证唯物主义认为，整个物质世界，从微观世界到宏观天体，从草木、动物到人类，从无机界到有机界，从自然界到人类社会再到人的思维，无一不处于永不停息的运动变化之中。物质世界的一切事物都在运动变化着，并且只有在运动中才能存在，才能表现出自己的特征。因此，依靠人类判断、联想、感知、记忆、陈述等一系列的思维活动而形成的证人证言，在其运动变化过程中出现失真，也就不足为奇。其次，为了保护自己或保护他人，或者为了达到某种不可告人的目的，作伪证和拒不作证的现象也是普遍存在的。

证言是用言语陈述的方式表达出来的，证人陈述的准确与否与证人是否正确感知和记忆有着必然的联系。事实决定陈述，但事实并不完全等同于陈述；陈述反映事实，而陈述也不完全等同于事实。因为事实发生在人的意识之外，它不以人的意识为转移，人的思维离不开特定的思维活动。①

奥地利学者格罗斯（Gross）在1893年发表的《预审推事手册》中把证据的证明程度分为五个等级：假定，可能，可确定，半确定，绝对正确。② 人们往往把可能的、假定的东西当作可靠的依据，把半正确、可确定的东西视为坚不可摧的铁证，然后在这样的“依据”和“铁证”的基础上加以猜测、判断、发表言论、议论，最后统一意见而形成决定。而由此作出的决定，其失真的成分是相当大的。具体到个案中，其造成的危害也是巨大的，即要么使被告人蒙冤而利益受到侵害，要么使作案人逃脱导致受害人的沉冤得不到昭雪而受到侵害。近年来，此等案例俯拾皆是。因此，掌握和熟知了这些原理，对于甄别和判断伪证、假证，对于无人作证案件的判断，便增加了科学的依据。

在人们的感知、记忆、陈述过程中，有这样一个著名的案例常被学者们对事实再现时的差异作为论据来引用：在德意志联邦共和国召开的一次国际心理学学术会议上，一个黑人突然冲进会场，一个白人紧随追入，二人在会场上发生搏斗。片刻，一声枪响，二人先后奔出，事情前后经历过程未超过20秒。会

---

① 裴苍龄著：《证据法学新论》，法律出版社1989年版，第39页。

② 潘久维著：《审判心理学》，四川科学技术出版社1989年版，第489页。

场上有40位心理学家，对这突如其来的事件没有任何思想准备，目睹此情景，都处于紧张惊恐的状态之中。这时，会议主持者立即请这40位心理学家对刚才发生的事件，就两个人的面貌、年龄、性别、肤色、身高、发式、上衣、裤子、领带、进场次序及谁先动的手、谁开的枪、谁被打倒、有无受伤、逃出次序等事件发生的人物特点和主要情节，根据自己的感知写出报告。结果，这些一向反应敏锐、善于观察的心理学家对该事件的感知，没有一个人是完全正确的。其中有13位心理学家的报告，一半以上的情节和特征是完全错误的。事后才知道，这是入会的一位心理学家为了了解善于感知的人在紧张情绪或突然发生的事件中形成的证言的可靠性和可信程度而精心设计的一次实验。① 该实验说明，即便是具备专业知识、高智商的人亲眼目睹了事件发生的全部过程，经过大脑思维活动中的感知、记忆而再现的情景，同样也可能失去它的真实面目。这应该是一种普遍的现象，因为每个人的注意力都是有限的，即所谓的“顾此失彼”。韩非在《韩非子》的《解老》篇中写道：“聪明睿智，天也；动静思虑，人也。人也者，乘于天明以视，寄于天聪以听，托于天智以思虑。故视强，则目不明；听甚，则耳不聪；思虑过度，则智识乱。”② 这说明人在情绪紧张时，注意力过于集中反而会影响对事物的全面感知效果。况且，有的人是善于感知，不善于记忆；善于记忆，不善于表达；善于表达，

① 潘久维著：《审判心理学》，四川科学技术出版社1989年版，第461页。

② 《韩非子·解老》。

又不善于感知等。伟大领袖毛泽东有个著名论点就是："凡是有人群的地方，就有左、中、右之分。"这"左、中、右"，就应当是指人们在感知、思维、记忆、陈述时所呈现出的差异的外在表现形态。

证人证言失真，就是指证人证言部分或全部脱离事实真相。笔者就证人证言的相关问题展开研究，其目的就是发现证人证言失真之处，并分析其原因，从而避免或减少因证人证言失真而给诉讼当事人带来的不应有的损失。掌握和研究证人证言失真的产生、发展的规律，有利于对证人证言的真伪加以甄别，做到既不全盘采信，也不全盘否定。采信其合乎逻辑、能被互相印证的一面，剔除和矫正因主观臆断和主观扭曲事实真相的一面，从而避免或减少冤假错案的发生，真正做到不枉不纵，既不冤枉一个好人，也不放纵一个坏人。

证人证言失真与证人有意作伪证是有严格区别的，证人证言失真是由于各种主客观因素（如心理因素、生理因素、社会因素、环境因素等）造成的，法律不把其作为犯罪对待。而有意作伪证，法律规定为犯罪。根据《中华人民共和国刑法》（以下简称《刑法》）的规定，有意作伪证可能构成诬陷罪、伪证罪和包庇罪。《刑法》第 243 条第 1 款规定，捏造事实诬告陷害他人，意图使他人受刑事追究，情节严重的，处三年以下有期徒刑、拘役或者管制。由该规定可以看出，诬告陷害罪是指捏造犯罪事实，向有关机关告发，意图陷害他人的行为。其客观表现为无中生有、虚构犯罪或对犯有某种罪行的人捏造犯其他罪行的事实，以达到主观上使他人受到刑事追究的意图。《刑法》第 305 条规定，在刑事诉讼中，证人、鉴定人、记录人、翻译人对与案件有重要关系的情节，故意作虚假证明、鉴定、记录、翻译，意图陷害他人或者隐匿罪证的，处三年以下有期徒刑或者拘役；情节严重的，处三年以上七年以下有期徒刑。本条是对伪证罪的规定。伪证罪的主体除了证人之外，还有鉴定人员、记录人员、翻译人员。《刑法》第 310 条第 1 款规定，明知是犯罪的人而为其提供隐藏处所、财务，帮助其逃匿或者作假证明包庇的，处三年以下有期徒刑、拘役或者管制；情节严重的，处三年以上十年以下有期徒刑。本条是对窝藏、包庇罪的规定。

总之，古今中外，因证人证言失真、伪证、假证、目击证人拒不作证而造成的冤假错案并不少见。因此，对证人证言相关问题进行研究，实为准确惩罚犯罪、保护人民之必要。鉴于此，笔者分别对证人证言失真问题和伪证、拒证问题进行了探讨，以期对关心证人证言问题研究的同人和司法工作者有所助益。

第二章　证人证言失真相关问题的探讨

第一节　概　　述

一、证人的概念

在刑事诉讼中，关于证人的概念，我国法学界有不同的表述，如“证人是向公安司法机关提供自己在诉讼之外了解到的案件情况的当事人以外的人”①；“证人是指除了当事人以外的了解案件情况并向专门机关作出陈述的人”②；“证人是指知道案件的有关情况，应当事人的询问和人民法院的传唤到庭作证的人”③；“证人是指向公安司法机关陈述自己所知道的案件情况的

① 陈光中主编：《刑事诉讼法》，北京大学出版社、高等教育出版社2005年版，第72页。

② 刘玫主编：《刑事诉讼法》，中国政法大学出版社2005年版，第48页。

③ 卞建林主编：《证据法学》，中国政法大学出版社2002年版，第83页。

第三人”。[①] 可见，对于刑事诉讼中证人的概念，虽然具体表述不同，但包含的基本要素是一致的：首先，证人都是属于当事人以外的其他诉讼参与人；其次，证人都是了解案件情况的人；最后，证人应是向刑事诉讼中的专门机关——公安司法机关作出陈述的人。

证人具有排他性，证人是案件本身所决定的，是客观存在的，不能随意选择和代替。[②] 证人既不能事先安排，也不能事后制造。同时，证人也不可能成为终身职务和职业，其偶然性较大。

证人，可分为广义证人和狭义证人。广义证人既包括了解案件情况的第三人；也包括当事人和专家证人（鉴定人），即英美法系国家所称的证人。因其范围广泛，所以称为广义证人。狭义证人专指向公安司法机关陈述所感知案情的第三人，即大陆法系国家所称的证人。本书所探讨的证人，多指狭义证人。

二、刑事诉讼法关于证人的基本规定

证人除有作证义务之外，还享有权利。《刑事诉讼法》第61条第1款规定：“人民法院、人民检察院和公安机关应当保障证人及其近亲属的安全。”该条第2款规定：“对证人及其近亲属进行威胁、侮辱、殴打或者打击报复，构成犯罪的，依法追究刑事责任；尚不够刑事处罚的，依法给予治安管理处罚。”

---

① 樊崇义主编：《刑事证据法原理与适用》，中国人民公安大学出版社2001年版，第158页。

② 《法学词典》（增订版），上海辞书出版社1980年版，第455页。

《刑事诉讼法》第62条对于危害国家安全犯罪、恐怖活动犯罪、黑社会性质的组织犯罪、毒品犯罪等案件的证人规定了具体的保护措施。可以明显看出，国家保障证人及其近亲属的安全，保障证人能够客观、充分地提供证言和其他证据，履行作证的法定义务，并如实地提供案件的真实情况。

同时，《刑事诉讼法》第109条又对报案、控告、举报的形式、程序及保障报案人、控告人、举报人及其近亲属的安全作出了详细的规定。该条第1款规定："报案、控告、举报可以用书面或者口头提出。接受口头报案、控告、举报的工作人员，应当写成笔录，经宣读无误后，由报案人、控告人、举报人签名或者盖章。"第2款规定："接受控告、举报的工作人员，应当向控告人、举报人说明诬告应负的法律责任。但是，只要不是捏造事实，伪造证据，即使控告、举报的事实有出入，甚至是错告的，也要和诬告严格加以区别。"第3款则规定："公安机关、人民检察院或者人民法院应当保障报案人、控告人、举报人及其近亲属的安全。报案人、控告人、举报人如果不愿公开自己的姓名和报案、控告、举报的行为，应当为他保守秘密。"从该条款规定中可以明显看出，国家为了鼓励公民同犯罪作斗争，重申了保障证人及其近亲属的安全，并且增加了对报案、控告、举报行为保密的规定。

第二节　证人资格

我国《刑事诉讼法》第60条第1款规定："凡是知道案件情况的人，都有作证的义务。"该法第60条第2款规定："生理上、精神上有缺陷或者年幼，不能辨别是非、不能正确表达的人，不能作证人。”从法律的规定看，任何公民当其知道了、感知了案件情况后，就具有了作证的义务，就必须把所看到的、听到的案件情况如实地向司法机关提供。但是，以下几种人是不具备证人资格的。

第一种是生理上有缺陷，不能辨别是非或者不能正确表达的人。例如，盲人、色盲者不能充当有关颜色方面的证人，聋人不能充当有关声音方面的证人等。

第二种是精神上有缺陷，不能辨别是非、不能正确表达的人。例如，精神病患者、重度神经官能症如幻听、幻觉症患者等，由于病理原因导致对事物无法正常感知、记忆、陈述。

第三种是年幼，不能辨别是非、不能正确表达的人。这里多指儿童，因其年龄小，对事物感知能力差、记忆能力弱、陈述缺乏恰当的词汇而难以表述明白。

上述三种情况，最关键的就是因为其不能辨别是非、不能正确表达，所以取消其法定证人资格，不能成为证人，也就没有必须作证的义务。这既是对他们的保护，也是对正确处理案件负责。然而，虽然生理上有缺陷或者年幼，但能够辨别是非、能够正确表达的人，仍可以成为证人。例如，盲人关于声音的证言，聋人关于目睹状况的证言，儿童对于特别熟悉的事、物、人的证言，间歇性精神病未犯病期间对感知到的案件情况的表述，经过查对核实以后，都可作为证据加以采用。但是，因为他们没有作证资格，不具有作证义务，是否愿意作证，全凭他们自愿，而不能采取除自愿以外的任何措施、方法强迫他们作证。

《刑事诉讼法》第28条规定："审判人员、检察人员、侦查人员有下列情形之一的，应当自行回避，当事人及其法定代理人也有权要求他们回避：……（三）担任过本案的证人、鉴定人、辩护人、诉讼代理人的；……"根据这一规定，可以看出在刑事诉讼中，证人是有优先地位的。由于证人是以知道案件情况为特征的，具有不可替代性，因而决定了凡是在刑事诉讼开始之前就了解案件情况的当事人以外的人，都应当优先作为案件的证人参加诉讼。如果审判人员、检察人员、侦查人员在某一案件中诉讼开始之前就了解了案情，则在该案诉讼中只能担任证人，不能以审判人员、检察人员、侦查人员的身份参加诉讼。另外，作为案件中的证人，不能再担任该案的辩护人员、鉴定人员和翻译人员。可见，证人在诉讼中是处于优先地位的。

此外，审判人员、检察人员、侦查人员如果是通过参加诉讼而了解了相关的案件情况，其作证资格应当受到一定的限制。对此，我国法律没有作出明文规定，有的国家对此有具体规定，结合国外的典型规定，对上述人员的作证资格问题从以下几个方面予以分析：①

第一，法官作证的（适格性）限制，即法官能否在其主持的程序中作为证人作证。

英美法系国家有三种观点：一是法官在其主持的程序中有作证的适格性，但拥有拒绝作证的决定权；二是法官在其主持的程序中，不能就重要的争议事项作证，但是可以就无争议的

① 王进喜著：《刑事证人证言论》，中国人民公安大学出版社2002年版，第35~41页。

事项自由作证；三是法官在其主持的程序中绝对不能作证。由于法官在其主持的程序中作证会影响到公正以及带来很多程序问题，如其作证由谁来裁判，其可采性由谁来决定，等等。因此，美国联邦证据规则采取了第三种观点。澳大利亚1995年证据法也作出了同样的规定。

大陆法系国家也有不同观点。其中也有观点认为法官不得在其主持的诉讼中担任证人。

法官不能在其主持的诉讼中担任证人的理由在于：诉讼不仅要追求实体公正，也要追求程序公正。如果允许法官在诉讼外对某案件事实有亲身体验，然后再参加该案的审理，除了程序上的复杂化、事实认定上的危险化以外，还存在对法官公正地位的消极影响。

第二，辩护人、公证人作证的（适格性）限制。

对于辩护人是否可以在其参与的诉讼中同时作为证人的问题，法学界有不同观点：一是认为辩护人不能在其参与的诉讼中担任证人。其理由是，辩护人在诉讼中能够行使对证人的发问权，这种地位显然与证人地位相矛盾。二是认为辩护人不得就其担任辩护人后通过诉讼了解的情况而去充当证人，否则会限制被告人与辩护人的有效沟通，妨碍被告人辩护权的行使。三是认为辩护人为了保护被告人利益可以作为证人，提出有利于证人的证据，但如果证言内容不利于被告人则不能同时作为证人。四是认为辩护人原则上不能在其参与的诉讼中担任证人，但是特殊情况除外。例如，《美国律师协会职业行为示范规则》第3.7条（a）款规定："（1）该证言涉及的是无争议的问题；（2）该证言涉及律师在该案件中提供的法律服务的性质及其用途；（3）取消该律师代理该委托人的资格，将会使该委托人陷入重大困境。”

笔者认为，辩护人一般不得在其参与的诉讼中担任证人，原因在于：其一，容易使委托人与辩护人之间发生冲突；其二，辩护人同时作为证人的做法混淆了辩护人和证人的职能。证人需要在个人认知的基础上作证，而辩护人则要对他人提供的证据进行解释和评论。这两种职责在很大程度上是不相容的，但在特殊情况下，辩护人可以担任证人，如上述美国的规定。

公诉人作证资格的限制基本同辩护人。

第三，侦查人员作证的（适格性）限制。

我国对此存在不同观点：有的观点认为侦查人员应当作为检控方的证人出庭作证；有的观点认为侦查人员是司法工作人员，不是诉讼参与人，不能作为证人出庭。《刑事诉讼法》第28条规定，侦查人员担任过本案的证人的，应当回避。对本条的理解应为：对于不是以侦查人员身份了解的案情，为了避免先入为主，应要求其予以回避。也就是说，在侦查人员主持的程序中，其不得同时承担两种职责。但是，侦查人员由于其工作性质决定，往往对一些案件情况有亲身的了解。在审判中，诉讼程序由审判人员主持，并不存在侦查职能和证人所承担的诉讼协助职能相互重叠的问题。因此，如果需要的话，侦查人员应当出庭作证。

通过上述可以看出，对作证资格的规定可以分为三类：一是既有作证资格，又有作证义务，拒不作证要受到法律追究的人；二是既无作证资格，又不承担作证义务的人；三是限制作证资格的人，如审判人员、检察人员、侦查人员等在参加诉讼过程中因了解案件事实，故就该事实的作证资格依法受到限制。

第三节　证人的心理要求

作为证人，至少应具备正常的心理功能。如果不具有正常的心理功能，就不能成为刑事诉讼活动中的证人。

《刑事诉讼法》第60条第2款对证人资格的要求，也就是从法律的角度对证人的生理、心理提出的要求。心理功能和生理功能互相联系、互相制约，心理功能的成熟与年龄、发育状况有着密切的关系。这些都会影响到证人的感知、记忆与陈述。在国外，也有关于证人的心理要求的研究。例如，日本学者森武夫所著的《犯罪心理学》一书中提出，作为一个理想的证人，应该具备七种心理要求：具有健全的感觉能力，具有冷静的判断能力，记忆力强，正直，不掺加想象，有实事求是、客观陈述的意志，具有正确的表达能力。[①]

其实，要完全达到这些要求是不容易的，因为证言形成的过程必须由证人对事物的感知、记忆、陈述三个阶段的协调配合才能完成，在其形成的过程中，受到主观、客观因素的影响又特别多，所以即使具备了上述七种心理要求，其形成的证言也不排除有失真的成分在内。就像本书绪论中提到的那个40位心理学家被测试的情况一样。应该说，心理学家一般是具备上述七种心理要求的，但是当遇到突发事件时，还是有可能会出现感知、记忆或陈述上的错误。

---

① ［日］森武夫著：《犯罪心理学》，邵道生等译，知识出版社1982年版，第162页。

尽管这样，对证人的心理要求还是要有标准的。在我国，除了《刑事诉讼法》第60条规定的不具备证人资格的人以外，对只要有作证义务的人，他们的感知、记忆、陈述能力必须健全和正常。这就是对证人的心理素质的要求。

一、正常的感知能力

感知是感觉和知觉的合称，是一种最简单的认识过程，但它却是复杂认识过程的基础。不通过感觉、知觉，就不会产生记忆、思维等认识过程，也就不能认识事实的表面特征和外部联系，更不能深入事物内部去发现事物的本质和规律。证人证言的形成，都是从感知开始的，或者是本人直接感知，或者是转述他人直接感知。

正常的感知能力依赖于正常的感觉器官。人的主要感觉器官是眼、耳、鼻、舌、身，正常的感知能力就是指这五种器官具有正常的感知功能。

二、正常的记忆能力

记忆是人脑对经历过的事物的反映。记忆包括识记、保持、回忆和再认等几个彼此紧密联系的过程。作为一个证人，必须具有记忆能力，才能在作证时把感知了的案件事实完整地陈述出来。有明显记忆障碍的人，很难再现过去经历的事情，因此难以充当证人。

三、正常的陈述能力

陈述是指证人对曾经感知了的事物用言语再现出来的活动。

陈述的工具是言语，非言语的单纯感情表示或身体动作（如点头、摇头、皱眉、耸肩、打手势等）有时也能表示意思，但终究不是陈述。言语是陈述的工具，但仅仅熟悉言语的人未必具有表达能力。因此，陈述能力应包括言语能力和表达能力。[①] 言语是人们运用语言材料和语音规则表达思想、进行交际的过程。言语分为口头言语、书面言语以及肢体言语等。只要具备其一，即属有言语表达能力。例如，受过教育的聋哑人，虽然没有口头言语表达能力，但他能以书面陈述或哑语手势，将自己的感知正常表达出来。有言语能力而无法表达真实思想的人，是缺乏表达能力的人。例如，某些中风病人、深度醉酒之人就属于暂时性缺乏表达能力者，而严重精神病患者和没有受过教育的聋哑人则属于永久缺乏表达能力者。

第四节　证人证言的概念与特征

一、证人证言的概念

关于证人证言的概念，我国法学界有不同的表述，如“证人证言是指知道案件真相的当事人以外的第三人，向办案人员所作的有关案件部分或全部事实真相的陈述”[②]；“证人证言是指当事人以外了解有关案件情况的第三人，向公安司法机关所作

① 罗大华等著：《证人证言心理》，群众出版社1992年版，第55页。

② 陈光中主编：《刑事诉讼法》，北京大学出版社、高等教育出版社2005年版，第158页。

的与案件有关的事实情况的陈述”[①]；“证人证言是指在诉讼过程中，证人就自己所感知的与待证事实有关的情况向公安司法机关所作的陈述”[②]；“证人证言是指证人在诉讼过程中向当事人和公安司法机关所作的与案件情况有关的陈述”[③]；“证人证言是指证人就自己所知道的案件事实情况向公安司法机关所作的陈述”[④]；“证言，一般是指证人证言，即证人就自己所知道的案件情况向法院或公安司法机关所作的陈述”[⑤]。与证人的概念一样，虽然对于证人证言的概念表述不完全相同，但基本要素基本一致，其中有所分歧的是证人向谁所作的陈述是证言，一般认为，应当是向公安司法机关所作的陈述。因此，证言应是了解与案件有关的情况的当事人以外的第三人向公安司法机关所作的陈述。

二、证人证言的特征

证人证言应具有以下特征：

第一，必须是了解与案件有关的情况的第三人（当事人以

① 刘玫主编：《刑事诉讼法》，中国政法大学出版社 2005 年版，第 240 页。

② 樊崇义主编：《刑事证据法原理与适用》，中国人民公安大学出版社 2001 年版，第 163 页。

③ 卞建林主编：《证据法学》，中国政法大学出版社 2002 年版，第 88 页。

④ 何家弘、刘品新著：《证据法学》，法律出版社 2004 年版，第 166 页。

⑤ 《中国大百科全书》总编辑委员会：《中国大百科全书·法学》，中国大百科全书出版社 1984 年版，第 748 页。

外）所作的陈述，即应是亲自感知或转述他人亲自感知的事件，而不应是没有根据、没有理由的猜想、推断。

第二，必须是根据公安司法机关的要求向公安司法机关提供的陈述。如果证人目睹了事件的经过，没有到公安司法机关提供目击情况，只在街头谈论、传播，其谈论、传播的内容不属于证人证言。

证人证言是法律规定的八种证据之一。中外法制史上，诉讼活动运用证言的历史都早于诉讼活动对物证的运用。证人证言的内容，包括对查明案件情况有意义的一切事实。证人只需陈述事实，而不需要对这些事实作出法律评价。

证人提供证言，必须要以“陈述的自由性”①为前提。只有保证证人按自己的意志进行陈述，才能得到反映证人的真意、对查明案件事实有意义的证言。而采取引诱欺骗和强迫等其他方法获取的证言是非法的，不能作为证据使用。

第三，证人感知与案件有关情况具有偶然性。证人证言是证人对所了解案件情况程度的表述，证人在了解该情况之前，并没有任何精神准备，纯属偶然感知。

第四，证人证言的表现方式是陈述，具体表现为言语。如前所述，言语包括口头言语、书面言语和肢体言语，证人证言既可以用口头言语表达，也可以用书面言语表达，还可以用聋哑手势、点头、摇头等肢体言语表达。

---

① 学术界把对于证人、被告人、被害人的陈述，不随便打断，不采用强制、暴力、诱惑、约束等方法，叫作“陈述的自由性”，以确保其陈述出于本意。

由于证人证言是所有证据中最常见的一种，所以被广泛应用。经过查证属实的证言，可以直接证明案件事实，其对犯罪嫌疑人的认定、犯罪性质的界定，起着决定性的作用。

第五节　证人证言的类型

证人的陈述，并不一定都能成为证言，如果与案件本身没有内在的、必然的联系，就无可采用价值。只有与案件有着内在联系的陈述，方可成为证言。

《刑事诉讼法》第50条规定："审判人员、检察人员、侦查人员必须依照法定程序，收集能够证实犯罪嫌疑人、被告人有罪或者无罪、犯罪情节轻重的各种证据……"证人证言又是八种法定证据之一，由此看来，可以把证人证言划分为有罪证言和无罪证言。另外，根据我国法学界对证据分类的原理，又可将证言分为：原始证言和传来证言，直接证言和间接证言，书面证言和口头证言。①

一、有罪证言和无罪证言

（一）有罪证言

凡是能够证明犯罪事实存在和犯罪嫌疑人、被告人实施犯罪行为的证言，均为有罪证言。无论是在犯罪预备时还是在犯罪实施时，有罪证言既包括证明犯罪嫌疑人、被告人有从重情节的证言，也包括证明犯罪嫌疑人、被告人有从轻、减轻或者

① 邓维鸾等著：《预审心理学》，四川科学技术出版社1986年版。

免除处罚情节的证言。

（二）无罪证言

凡是能够否定犯罪事实存在或者能够证明犯罪嫌疑人、被告人未实施犯罪行为的证言，均为无罪证言，如证明犯罪嫌疑人、被告人作案时间不在现场的证言。

有罪证言和无罪证言并不是公安司法人员审查判断的结果，而是由证言所证明的事实与案件是否有客观联系而决定的。

二、原始证言和传来证言

（一）原始证言

原始证言是指直接来源于证人所亲自见闻的案件事实而形成的证言，又可称为第一手证言。

（二）传来证言

传来证言是指通过间接来源即经过转述而形成的证言，又可称为第二手证言。

原始证言的证明力大于传来证言的证明力。因为个人的心理活动程度不一样，所领会和转述的能力有差异，所以传来证言存在的失真成分往往多一些。但绝不能否定传来证言的证明作用，在许多情况下，往往是由传来证言引出原始证言，传来证言又可完善原始证言。例如，第一目击证人是个年老的人，记忆力衰退，但在刚感知案件后马上将其见闻告诉了另一个年轻人，而该年轻人记忆力好，又善于表达，在其提示下，老人对原本遗忘的感知情况得到恢复，而肯定了其证言。因此，传来证言又有以下三个作用：一是有利于公安司法人员发现和收集原始证言；二是有助于验证、核实原始证言的真伪；三是在不能获取原始证言时，经查证属实的传来证言同样可为认定案件事实提供依据。

三、直接证言和间接证言

（一）直接证言

直接证言是指能够单独证明案件主要事实的证言。

（二）间接证言

间接证言是指不能够单独证明案件主要事实，必须同其他证言相结合，并经过推理、印证才能证明案件主要事实的证言。

直接证言和间接证言的划分，同证言是否直接来源于案件事实并没有联系，因此，直接证言、间接证言与原始证言、传来证言不能相混淆。不能认为直接证言就是原始证言，传来证言就是间接证言，因为直接证言既可以是原始证言，又可以是传来证言。例如，一犯罪嫌疑人在被捕后，拒不认罪，但在羁押期间向同押另案嫌疑人透露了其犯罪的具体情节、作案过程。事后，另案嫌疑人将其直接听到的犯罪事实、情节向司法机关作了揭发。该证言就是直接证言，因为它不需要与其他证言相结合，就能独自直接证明犯罪嫌疑人、被告人的犯罪行为。由于它来源于犯罪嫌疑人的透露，而不是证人亲眼所见，所以它既是直接证言又是传来证言，而非原始证言。

直接证言在刑事侦查中的证明作用是显而易见的，因为有了直接证言，就不再需要复杂的一系列的推理过程，它能直接说明某个人在某特定时间是否实施了某特定行为。但是必须注意一个问题，即任何证言都很难证明其本身是真实的，必须与其他直接或间接的证据相结合，才能作为立案侦查的依据。

间接证言与直接证言证明的使用并无优劣之分，既要重视直接证言，又要注意收集间接证言。一是因为直接证言可能有虚假，二是因为有的案件不能收集到或没有收集到直接证言，所以只能靠对间接证言加以推理、判断来获得更为重要的线索。

间接证言具有以下几个作用：

（1）为确定侦查方向、获取直接证据、进一步分析案情提供依据。

（2）是鉴别、审查直接证言和其他间接证据真伪的有效手段。例如，行贿、受贿等犯罪中的一对一的证言，都需要间接证言或证据来证实。

（3）在不可能取得直接证言的情况下，对间接证据查证属实，其与案件本身有着客观的联系，并能形成具有排他性、唯一性的证明链，可以采用间接证言立案侦查。

在侦查中，单凭间接证言立案侦查是个别的情况，绝大多数案件是直接证言与间接证言并存，二者相互补充、相互印证，共同证明案件事实。

四、书面证言和口头证言

（一）书面证言

书面证言是指证人以文字材料形式提供给公安司法机关的证言。

（二）口头证言

口头证言是指证人以口述表达形式而提供的证言。

书面证言和口头证言的区别是：书面证言是证人亲笔书写或自己委托别人书写而形成的，表达的意思较为客观。口头证言是由侦查人员、检察人员或审判人员询问，由证人口头回答叙述，由侦查人员、检察人员或审判人员记录而构成的文字笔录，表达的意思往往带有修正性和倾向性。

书面证言和口头证言各自都有优缺点，在询问中，应根据案件情况、证人文化程度灵活掌握。

实际上，证言除了口头证言、书面证言之外，还有一种重要的表现形式就是行为证言，即证人通过肢体语言所作的陈述。

第六节 证人证言的形成

证人证言的形成，在具备三个要素的前提下，要经历三个阶段。三个要素，即感知能力、记忆能力、陈述能力；三个阶段，则是感知阶段、记忆阶段、陈述阶段。

证人证言是对已发生的事实的回忆和陈述，无论该事实发生的时间长或短，肯定都是“过去完成时”，对过去发生的事实进行陈述，既要靠当时的感觉、认知，又要靠记忆和再生，才能表达出来。

一、感知阶段

第一阶段是证人对案件事实的感知阶段，这个阶段是形成证人证言的基础，因为只有在感觉了、认知了案件的事实后，才能产生记忆。证人在该阶段对案件的认知和感觉大多数是偶然遇上的，并不是事先准备和策划好的，所以并不曾意识到以后能作为证人出现，这也应是证言失真的因素之一。也有的证人在案件发生时出于好奇或惩恶扬善的目的，有意识地去感知案件事实，注意观察某些关键性情节，并主动报案或者准备作证。这种情况下感知的印象较深，记忆较完整、系统。

二、记忆阶段

第二阶段是记忆阶段，通过记忆，证人将所感知的信息储存起来。由于证人的记忆能力和职业习惯各不相同，所以记忆的完整性、真实性、连贯性都会出现差异，记忆阶段是陈述的关键。

三、陈述阶段

第三阶段是陈述阶段，也是最后形成证言的阶段，证人将所感知的、记忆的案件事实通过言语表达出来，一个证言即最终形成。

概括而言，证言是通过证人的逆向思维而形成的，即准确的表达依赖于证人完整的记忆，完整的记忆来源于证人正确的感知，正确的感知又受案发时的客观环境的影响。

第七节　证人证言在刑事诉讼中的意义

证人证言对于诉讼证明具有非常重要的意义。从认识论的角度考查，人的主观意识对客观物质世界具有能动反应的认识功能，人类的一切高级活动都是在这种认识功能的指导和作用下开展的。诉讼活动作为一种法律行为，其目的就是寻求诉讼主体对诉讼客体的真实反应和正确认识。从根源上说，诉讼客体的性质和状态最终决定诉讼主体的认识，但是，诉讼主体的主观意识对正确认识诉讼客体又有积极的反作用。由于证人证言是“活”的证据，具有生动、直观、直接等属性，因此，其对案件事实的证明也是直接的，公安司法机关可以直接通过证人证言发现案件的有关情况。较之物证、书证等，证人证言在诉讼证明过程中具有独特的意义。证人证言又是法定证据中的重要证据之一，因此证人证言对于刑事诉讼活动有着重要的意义。

由于本书主要探讨的证人证言失真、伪证、拒证等问题都与侦查阶段有着极为密切的联系，因此，此处重在分析证人证言在侦查中的意义。

侦查，是刑事诉讼中的第一环节，是指有侦查权的国家机关和部门在其职权范围内，对已经确定立案的刑事案件，依照法律进行的专门调查工作和有关的强制性措施。① 这里的专门调查工作就包括对证人证言的调查、审查、判断。

侦查的任务包括：收集证据、查明犯罪事实、确定犯罪嫌疑人；采取必要的措施，防止犯罪嫌疑人逃避侦查、审判和继续进行犯罪活动；保障无罪的人不被追究刑事责任。② 这里的一项重要任务便是收集证据，而收集证据又是整个刑事诉讼活动的中心环节。各种侦查措施和侦查技术的运用，都是为了获取证据，其中，证人证言是起着重要作用的一种证据。

一、有利于查明案件事实

犯罪嫌疑人实施犯罪行为及有关涉案情况，往往会被行为

① 张玉镶、文盛堂著：《当代侦查学》，中国检察出版社 1998 年版。
② 张玉镶、文盛堂著：《当代侦查学》，中国检察出版社 1998 年版。

人及被害人之外的第三人感知，而这些人因耳闻或目睹了犯罪经过，他们的证言可能成为查明案件事实的直接证据。

二、有利于确定案情

在侦查期间，各种证据共同证明的案件事实和情节，难免存在矛盾和疑点，尤其是犯罪嫌疑人的供述和被害人的陈述中存在的矛盾，往往使案情存疑难定。而通过目击证人的证言，就能够发现和查明犯罪嫌疑人在哪些情节上避重就轻，被害人又在哪些情节上扩大和加重，从而使侦查人员弄清疑点、排除矛盾，正确认定案件事实和情节。

三、有利于正确处理案件

“要想人不知，除非己莫为。”虽然犯罪嫌疑人作案总是采取隐蔽的手段，但是只要作案，就总会被某些不特定的、有条件的“第三人”所遇见并感知。虽然“第三人”所感知到的往往是案件的某一部分过程，但它经常在案件的侦破中起着关键的作用。深入群众调查访问，发现和寻找证人，询问证人收集证据，这是专门机关的侦查与广大群众同犯罪作斗争的积极性紧密结合的最好办法的体现。因此，通过收集证人证言，可以做到全面、正确地处理案件。[①]

四、有利于避免、减少和杜绝刑讯逼供事件的发生

刑讯逼供是被我国刑法和刑事诉讼法所严厉禁止的，但由

---

① 张玉镶、文盛堂著：《当代侦查学》，中国检察出版社 1998 年版。

于受封建审讯制度的余毒影响，以及刑讯逼供具有的特殊效果，其仍然有着顽强的生命力。怎样彻底消除这一违法犯罪的行为，且又能及时破案呢？这就需要依靠证据来证明。《刑事诉讼法》第53条明确规定，没有被告人供述，证据确实、充分的，可以认定被告人有罪和处以刑罚。通过对证人证言的收集、分析、审查和判断，重点收集和追溯源头证言，以掌握的充分证据来证明犯罪嫌疑人、被告人的犯罪行为，是可以避免、减少和杜绝刑讯逼供事件发生的。这是证人证言在刑事诉讼中的特殊意义。

由于证人证言对于揭发犯罪和证实犯罪具有极为重要的意义，又由于主客观方面的诸多因素，使证人证言在很大程度上普遍存在失真的情况。因此，为了查清事实，惩罚犯罪，保护人民，真正做到以事实为根据、以法律为准绳，做到不冤枉一个好人、不放过一个犯罪人，必须对证人证言失真的问题加以重视并开展研究，以掌握其发生、发展、失真的变化规律，从而排除或矫正其失真之处，利用和运用其合理、真实部分。

第八节　证人证言失真的因素

德国心理学家闵斯特贝格在其《在证人席上心理学与犯罪文集》中写道："虽然个别人庄严宣誓要讲'真话，除了真话没有别的'，但，他的'真话'却常常与也曾宣誓要讲'真话'的别人的'真话'大相径庭。"① 所以，即使是耳闻目睹了犯罪

① on the withess stand, Essay on Psychology and Crime Hugo Munsterberg 1908 New York.

案件经过的人，也不一定能够提供出准确的证言，这从前面举例的那个心理学家学术会议的现场试验中可以得出此结论。也就是说，即使大家都认为是最佳的证人，他所提供的证言，也难免存在失真的情况。这是由于个人的感知能力及在感知过程中所处的位置、环境、光线、角度，即客观方面的影响而造成的。再者是一个人的文化程度、专业知识以及爱好、心理承受力等的影响，也是证人证言失真的一个普遍存在的原因。

1841 年，德国的司法官布拉维尔在他的论文《直接证人证言的不可信》中指出，由于知觉、回忆和陈述时的判断错误，以幻想补充知觉、推理与知觉混淆、再认时判断的错误、调查记录的无意识伪造等，使证人证言不可信。①

人们为什么常常把证人证言尤其是现场目击证人证言视为最可靠的证据呢？这主要是由于人们认为证人对案件事实的感知、记忆、陈述都是准确的、正常的。实质上，证人证言在形成过程中，由于受外界环境、证人主观内在心理等因素的影响，而往往出现差错。

证人证言形成的心理过程是大脑在正常情况下，对突发、偶遇之案件——客观事物的综合反应。因此，证人证言形成的心理过程与对一般客观事物的反应不一样。在正常情况下，人们要有意识地记忆某件事情，一般会对客观对象进行反复感知，以达到感知的深刻、全面。而证人对案件的感知，却往往没有这样的机会和条件，因为证人多是偶遇案件的发生，其情节、情景都是稍纵即逝的，既不能再现，又不能重复。这样就会使

① 罗大华等著：《证人证言心理》，群众出版社 1992 年版。

证人对案件中的某些事实、情节或犯罪嫌疑人的外貌特征等感知不完全，因此导致证人不可能正确地将全部真实情况感知到，并用证言准确地固定下来。

一、感知阶段对证言形成的影响

感觉和知觉合称为感知。

感知是人类依靠眼、耳、鼻、舌、身这五种感觉器官来反映客观事物的。最主要、最敏感、最常用的感觉器官是眼和耳，即视听器官，“视”又可称为“见”，“听”又可称为“闻”，所以人们习惯把眼见的、耳闻的叫作“所见所闻”。

感知，既是初步的认识过程，又是复杂认识过程的基础和先导，没有感觉、知觉，就不可能对客观事物产生记忆和思维。同理，也根本形不成证人证言。

（一）感觉器官本身的状况对感知案情的影响

人类是通过感觉器官来感知外界事物的。感觉器官包括身体、眼睛、耳朵、鼻子、舌头等。证人的感觉器官是否正常，决定着证人产生的感觉是否真实。同时，人类又是通过头脑来反映对客观事物的感知的。证人头脑是否正常、有无障碍、是否受到干扰，将决定着证人对所感知到的事物的反映是否正常。所以，证人感觉器官的状况，直接制约和影响着证人的感知能力。

由于人的每一种感觉器官都对一种特定的刺激质敏感，所以当某一种感觉器官本身出现功能障碍时，必将导致其对所对应的刺激质失去感知。例如，听觉器官是由空气中的声波对耳朵中的鼓膜发生作用而产生感知。若耳朵中的鼓膜损坏，则不可能对声音产生感知。视觉器官可以对光线、颜色产生感知，而对声波的作用则不会产生反应。因此，人体感觉器官之间对所对应的刺激质的感知是不可互换、不可替代的。所以，色盲人对颜色的证言不可靠，近视眼的人对较远距离物体的描述的证言不可靠，耳聋的人对听到别人低声细语的证言不可靠，患有鼻窦炎的人对气味的证言不可靠。因此，感知器官本身的状况将直接对感知产生影响。审查判断证人证言是否可靠，必须全面了解证人的身体状况。

（二）客观因素对感知案情的影响

1. 案发时证人所处的位置对证人感知的影响

苏轼“横看成岭侧成峰，远近高低各不同，不识庐山真面目，只缘身在此山中”的诗句，说明了人所处的位置对感知而存在的局限性。证人对某一案件的感知与有计划、有目的地跟踪侦查不同，证人对所遇到的事情存在偶然性，所以证人不具备有目的地选择最佳位置、全方位地感知这个案件的条件。例如，某一证人目击一起杀人案，当时他所在的位置看到的情景是一个高个子、留板寸、穿黑风衣的男子连刺被害人三刀后迅速逃走，而证人是在凶手的背后看到这些情况的。因此，对于目击证人，排除其证言失真的方法首先是要弄清楚证人所处的位置，前案提到的证人在凶手的后面，则其对凶手前面情况的证言就存在推断，有失真的可能。同理，若在左侧，则难以发现右侧的特征，如有的犯罪嫌疑人脸的右侧有一大片红胎记，而左侧则没有，当问及证人所目击的人脸上是否有胎记时，他则会否认。所以，掌握证人所处的位置对感知的影响，对于审查判断证言的可靠性、排除其失真部分是极为重要的。

2．证人与案发现场的距离对证人感知的影响

可以肯定的是，证人与案发现场的距离越远，感知的效果越差。这是由于视觉上近大远小的物理属性和听觉上因距离而影响声音传导的因素造成的。因此，对某一证言进行判断时，应该把证人目击案发现场的距离而造成的误差充分考虑进去，以排除失真因素。

3．时间因素对证人感知的影响

由于证人所遇案件都是在偶然间突发的，所以不会留给证人充足的感知时间，并且行为人实施犯罪多是“只求结果，简化程序”，且动作迅速、手段狠毒，所以证人在短时间内的感知往往并不深刻，陈述只能凭主观推断。因此，侦查人员对待这些证言，应充分考虑时间因素而造成的失真。

4．空间因素对证人感知的影响

每一个案件的发生都处于一定的空间中，而耳闻、目睹的证人也是处于一定的空间中。无论是案件发生的空间还是证人所处的空间，因客观环境的制约，证人与案发现场之间的空间范围的实际状态或案件发生空间及证人所处空间的各种设施，如遮光装置、隔音装置等的不同，都会对证人的准确感知带来影响。因此，审查证人证言时应充分考虑空间因素。

5．气候因素对证人感知的影响

一般情况下，暴风、骤雨、电闪、雷鸣、大雪、冰雹等特殊气候对证人的感知（视觉、听觉、嗅觉）有很大的影响，从而影响了证人感知的准确性。因此，在分析案件中的证人证言这一证据时，感知案件时的气象条件是不可忽略的重要因素。

6. 光亮对证人感知的影响

人们的视觉效果直接受到光亮度的制约。白天人们的可视度，以裸眼视力1.5为例，能够清楚分辨颜色的可视距离为500米左右，而晚上，能够清楚分辨颜色的可视距离几乎为零。同为一种颜色，在灯光下与月光下，人们感知到的是不一样的。因此，证人在晚上关于颜色的证言是需要加以分析的，而光亮对嗅觉几乎没有什么影响，无论是白天、黑夜，室内、室外，洞内、洞外，对气味的感知是一样的。对于听觉而言，单从光亮角度来看，是没有区别的，而对于白天、晚上，则是有区别的，晚上在夜深人静的时候，听觉的距离要比白天远，听觉的清晰度也比白天强。同理，室内强于室外。所以光亮对感知的影响，应分清是对视觉的影响还是对听觉或嗅觉的影响。若证人关于视觉的证言是在光亮度不强的情况下的感知结果，应对其加以分析。

7. 温度对证人感知的影响

温度可直接对人的触觉和嗅觉产生影响。

第一，温度与触觉：人体对温度的感觉最为直接。人们对温度的感知的敏感性，可刺激人们对事件记忆的加深。例如，某证人在回忆案发时间时，由于想不起具体时间，而只记得当时是穿棉衣的时候，那么这就可以把案发时间缩小为冬天这一时间范围内了。另外，温度高，易致物体腐败时间缩短；温度低，易致物体冻结，而延长腐败时间。因此，证人有关对物体情况的陈述，一定要与温度结合起来考虑。

第二，温度与嗅觉：一般情况下，高温下的物体容易散发气味，低温下则不易散发气味。有的案件就是根据气味才被人们发现的。例如，一座居民楼的三层楼上，住着两户居民。一个夏天，甲居户老太太只要开门便闻到一股臭气，一连多日，找不出原因，后来又发现乙居户的门上苍蝇一天比一天多，且门缝里有许多蛆在爬进爬出，敲门无人应，又因多日不见其有动静，产生怀疑，遂报案，结果室内有两人被杀，且都穿着毛衣，经鉴定为三个月前被杀害。若不是因气候变化、温度升高导致尸体腐烂而产生气味，此案很难被发现。另外，被烧焦的物体也能散发出各种不同的气味，并据此能判断出被烧焦的物体为何类物体。

上述位置、距离、时间、空间、气候、光亮、温度七个方面的因素，都能够单独地或同时对证人在形成证言的最初阶段——感知过程中，产生影响而导致全部或部分失真。故而，必须正确分辨并完全了解和彻底掌握证人感知时的客观环境，不以偏概全或以全掩偏，用科学的思维、辩证的方法来分析、判断、区分其证言的真伪，取其真实、去其虚假。

（三）主观因素对感知案情的影响

人们一般都是把现场目击证人的证言视为最可靠的证据。其实，证人的准确感知还会受到证人主观心理因素的制约和影响。制约和影响证人感知的心理因素主要有：

1. 情绪

由于证人性别、年龄、心理素质的不同，当遇上突如其来的犯罪行为发生时，一般会产生惊讶、紧张、逃避、害怕、害羞、茫然等心理反应，继而形成恐惧或厌恶或看个究竟的心理状态，此时的心理状态直接控制着证人自身的情绪。

如果证人存在恐惧或厌恶、害羞的情绪，那就无法真实、清晰、完全地感知到案件的全部过程或案中当事人的全部特征。如果证人是受想看个究竟的心理支配，那其情绪就会高涨，就会注意到作案人在作案过程中的每一个情节及作案人或被害人的细节特征。证人的情绪在对案情、作案人的感知上，所起的作用是显而易见的。因此，在审查证人证言时，一定要了解证人在目击案发时的情绪状态。

另外，我们都会有这样的体验，在愉快时会感到时间过得飞快，会产生“光阴似箭”的感觉；而在忧愁和期待的时候，又会感到时间过得太慢，如产生“度日如年”“长夜难眠”的感觉。这就说明情绪状态会影响人们对事件的知觉。

心理学研究还表明，证人处于极端恐惧的状态中，包括知觉在内的认识活动水平就会下降。[①] 所以在侦查过程中，掌握、了解证人当时所处环境中而产生的情绪，对甄别证言有很大的帮助。

2. 适应

《孔子家语·六本》有云，“如入鲍鱼之肆，久而不闻其臭”，“如入芷兰之室，久而不闻其香”。这是人的本能适应环境变化的反应，即感觉器官在因环境变化所产生的刺激的持续作用下，而出现的感受性提高或降低的变化，又可称为身体的适应性。在视觉方面，人们都有这样的体验：中午，从阳光下走进了已经开始放映的电影院，刚一进去，除了能看到屏幕上的画面外，什么也看不清，但片刻后，眼睛适应了黑暗，感受性提高，就可以看见周围的事物了。同理，当走出电影院，到了

① 乐国安、任克勤、金昌平编著：《证人心理学》，中国人民公安大学出版社 1987 年版。

阳光下，也会觉得光线耀眼，稍过片刻，眼睛就会适应。这是视觉的明暗适应。因此，突入暗室、山洞，很难马上发现犯罪现场及现场中的血迹、凶器、赃物、书证、痕迹和其他物证。若某证人说他一进入山洞就看到了上述物体，那其证言中肯定就有失真的成分了。

在嗅觉方面，古人的“如入鲍鱼之肆，久而不闻其臭；如入芷兰之室，久而不闻其香”，说明的便是嗅觉适应的表现。某些职业人员由于与某种气味或物体的长时间接触也会对其产生适应。例如，加油站职工对汽油气味的感受性、油漆工对油漆气味的感受性都会降低。所以，关于气味方面的证言的判断，既要考虑到感觉器官本身是否有问题，如鼻炎、感冒等，又要考虑到证人因职业关系是否经常接触某种气味等因素。

3．注意

注意是心理活动对一定对象的指向和集中。注意是证人感知案件情况的必要前提。在一定的时间内，人对外界事物只能有一个注意中心，即对该中心事物的某些特征予以注意，对它们的感知印象也特别清晰，而注意中心以外的事物的特征则不予感知，或感知模糊。

影响证人注意感知案件事实的情节的因素有：

（1）案件事实和情节本身突出的特点。例如，巨响、强光、作案人的明目张胆和作案手段的凶狠残忍等，作案人所用的新异凶器、新异作案方式等易引起证人的注意。犯罪现场的事物在形状、大小、颜色、强度和持续时间等方面存在显著差别并构成鲜明对比时，容易引起证人的注意，感知对象与背景的对比差异越大，越易被注意。反之，则较易被忽略或引不起人们的注意。

（2）证人本身因素。主要包括：①态度。证人对所目击案件持有的态度，直接影响着其注意力。例如，证人具有正义感，对犯罪人深恶痛绝，并决心要惩罚犯罪，则会集中注意犯罪人的特征、犯罪事实和情节。若证人对犯罪人作案持不关心的态度，则对犯罪人的特征、犯罪事实和情节就会不予注意观察。②利害关系。案件的发生与自己有利害关系的，如被害人是自己的亲属或自己将是第二或第三被害人时，则会对案件情节格外注意。

（四）选择的因素

人们虽然都在接触着各种各样的外界事物，但不能将这些外界事物都容纳于自己的感觉器官中，也不能同时对四周所有的事物都进行感知。心理学研究表明，人们总是对与自己有用的刺激予以感知，而对自己无用的刺激不予感知，借以减轻感觉器官的负担。心理学认为这是感知的一种选择作用，称为选择感知。

证人目击案件发生，对于感官所受到的诸多刺激，心理上是在有选择地进行感知的。通常情况下，一般对自己熟悉的、感兴趣的、与自己有关系的、曾经经历过的、属于自己研究领域的等方面的刺激，总是优先选择进行感知。然而，当某一案件发生时，选择与感知往往是瞬间发生、同时进行的，但是感知受选择的制约。例如，在某一集市上发生了一起流氓火拼，有两个人被杀死，许多人目睹了这一场面。其中，爱好格斗、懂武术的人对打斗过程中双方对抗的动作感知得比较清晰；医生对被害人受伤的部位、血流情况感知得较为清晰；法律人员总在对谁是谁非，谁先动手，谁在进攻、谁在防御进行着清晰的感知；爱好文学的人对双方的衣着、年龄、表情、动作、节奏感知得较为清晰，并不乏夸张因素在内；驾驶员对车型、牌号的感知较为清晰。在一个案件中，有着不同专业知识和各自爱好的人都在选择着感知对象，但往往对侦查中需要证明的某些重要情况反而未能感知或感知不明。诚然，此案中有许多证人在场，多个零碎、片面的证言，可以构成一个完整的、全面的重现案件真实状况的证言。若在场的只有一个证人，他所选择感知的则是片面的，其证言的真实性、全面性也就大打折扣了，不排除有失真因素在内。这就要求侦查人员对案件所有情况进行综合分析、评断，最后作出合理判断。

（五）补充

人类对于客观事物的刺激予以感知的过程中，往往对感知客体的全部情况并未完全感知，而只感知了其中某些部分。心理学研究表明，人们对感知客体仅仅感知了一部分，却往往认为是全部感知，这是一种补充心理现象，也就是感知心理上的一种补充作用。基于这种补充心理，人们往往对感知客体满足于部分感知，而不想进行全部的详细感知，用自己过去已有的知识经验加以补充，认为其就是全部感知。在案发过程中常常出现复杂多变的场面和情节，而被证人感知到的，只是全部案情的某些部分，证人往往根据这些部分，再加上过去的经验或想象或道听途说来的补充全部案情，这就使其提供的证言有了失真的可能。例如，有一证人在夜间看见某甲持刀将某乙推倒，并举刀一晃，第二天就提供了某甲持刀杀死某乙的详细证言。

由此可见，由于人们心理的补充作用而产生对所见事物的补充言论往往与事实有差距，有时甚至是完全错误的。

（六）错觉的因素

错觉是指人们对客观事物错误的感觉。证人在感知案件事实情节和作案人时，肯定会受到错觉规律的影响，从而导致证言失真。

错觉现象极为常见，几乎在各种知觉中都会发生。古代成语中有杯弓蛇影、风声鹤唳、草木皆兵等典故，都是由错觉心理造成的，证人也往往由于心理产生错觉而发生感知误差，所以提供了不真实的证言。心理学对错觉有详细的研究，如图1所示的图形错觉。

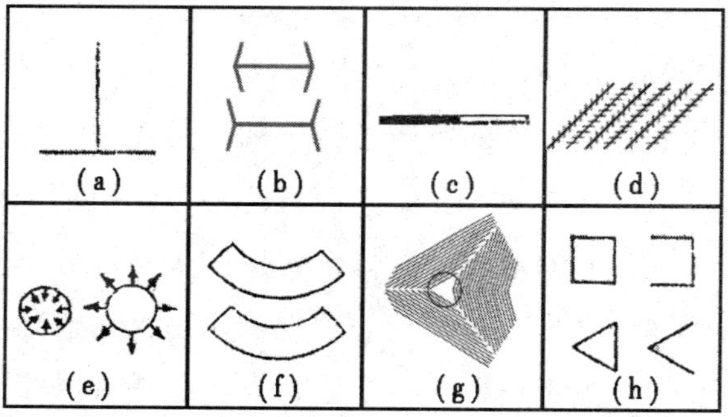

图1

（a）垂直线与水平线的错觉：垂直线与水平线的长度相等，但垂直线好像长于水平线。

（b）缪勒—莱依尔（Muller - Tyer）错觉：两条线是等长的，由于下面线条的两端箭头向外扩张，于是就感到下面的线条长些。

（c）“充满”的空间的错觉效果：线的左半段由于“充满”了内容，所以显得比右半段长。

（d）线条的影响：平行线受到交叉线条的影响，仿佛改变了方向，显得不相互平行了。

（e）图形内部结构的影响：两个大小相等的圆形，由于箭头的影响，右面的圆形显得大些。

（f）图形空间对比的影响：两个图形的大小是相同的，但是下面图形的形状显得短些、宽些。

（g）图形背景的影响：由于背景直线和曲线线条的影响，圆形显得变形了。

（h）关闭图形与开口图形：左面关闭的图形显得比右面开口的图形小些。①

又如违反透视规律的错觉，如图2所示。

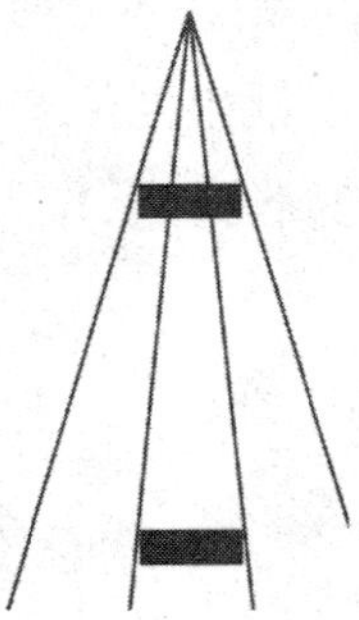

图2

图2中的两条横线一样长，由于透视线条的影响，会觉得上面的横线要长些。

再如对象和背景关系的错觉，如图3所示。②

---

① 曹日昌编：《普通心理学》（上册），人民教育出版社1980年版，第184页。

② 作者为丹麦心理学家爱德加·鲁宾。

（一）　　　　（二）

图 3

图 3 中“两可图形（一）”，以黑色做背景时，则感知为一个瓶子；以白色做背景时，则感知为两个侧面头像。“两可图形（二）”，如果以黑色毛大衣领作为背景时，则感知为大鼻子、尖下巴的老妇图像；若以老妇的鼻子作为嘴巴、鼻子下面作为颈部，则感知为少妇图像。

再如定式错觉，如图 4 所示。①

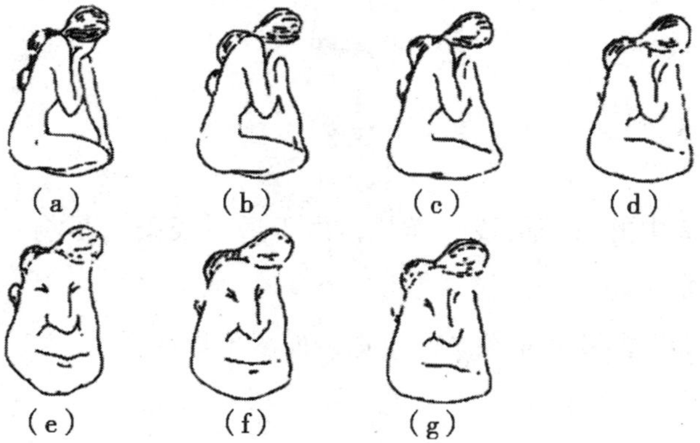

图 4

① http://www.360doc.com/content/10/0613/14/603992_32871568.shtml。

定式是指主体对一定活动的预先的、特殊的准备状态。在改变了条件的情况下，定式可能造成对事物的歪曲反映，产生定式错觉。如图 4 所示，当先看了（a）、（b）、（c）图像后，在先前定势的影响下，会把（d）图像感知为女性侧面头像。当看过（e）、（f）、（g）图像后，再看（d）图像，就不会再看成一幅女性侧面头像，而是会看成一幅男性正身图像。

由此可见，产生错觉的原因多种多样，既有生理原因，又有心理原因。另外，感觉器官输入了相互矛盾的信息，或当时的感知与过去经验相混淆，推理的失误，感知时的心理状态等，都可称为产生错觉的原因。

研究和掌握常见的错觉的现象，对于分析证人在感知阶段可能出现的错误具有重要意义；了解和掌握对象与背景关系的错觉，对于分析同一案件中的多个证人证言的不同原因具有重要作用。

（七）假设

在人们对客观事物的感知过程中，往往伴随着种种假设和推理，并企图使通过感知而获得的信息与假设相适应。这种感知有时是正确或接近正确的，有时是彻底错误的。这种假设是一种先入为主的心理现象，如常言所说的“戴着有色眼镜看人”“带着框子评价人”等。可以肯定地说，正确的假设，能形成正常的知觉；错误的假设，则形成错误的知觉。

修订后的刑事诉讼法把法院依法判决前的被追诉者称为犯罪嫌疑人，这其实也是一种假设，即假设他是具有犯罪嫌疑的人，之后进行的一系列侦查、起诉、审判的过程中，对不利于或有利于犯罪嫌疑人的证据全部收集后进行审查，从而逐步排除其假设或证实其假设，审判程序终结后，其假设也就消失了。审判过程，就是排除和论证假设的过程。论证的采用，是以假设开始，至内心确信终止。根据刑事诉讼法的规定，在人民法院依法判决某人有罪之前，虽然假设犯罪嫌疑人具有犯罪的嫌疑，但是只要没有依法证明犯罪嫌疑人有罪，那就应当推定其为无罪。这种推定称为“无罪推定”，实际上也是法律所作的一种假设，基于保障人权的需要，只要控方没有提出确实、充分的证据证明犯罪嫌疑人、被告人有罪，没有推翻无罪的推定，该人就应当被视为无罪。

（八）偏见

偏见是指证人对所目击的事件的片面的看法和不公正的态度。有偏见的人首先对案情的感知有可能是不正确的；其次即使感知了，也不想正确表述。例如，甲、乙两人殴斗，甲受重伤倒地，乙逃走，目击证人因平时对甲有偏见，并且甲曾经伤害过该证人，所以他提供的证言是因甲挑衅而致殴斗。因此，这种证言是失真的证言，是由于证人的偏见造成的。

偏见几乎每个人都有，所以弄清楚证人与被证人及被证事件之间的关系，是判断证言是否有失真成分的重要环节。

二、记忆阶段心理因素对证言的影响

证人对发生的案件的事实和情节感知得准确无误，能否就认为其所作的证言就一定真实可靠呢？答案是否定的。因为证人是对已经发生的案件的事实和情节提供证言，在提供证言时距案件发生的时间短则几天、长则数年，这就必须依靠大脑的记忆功能，使已过去的事件再现，继而才能表述出来。因此，即使证人对案件的感知非常正确，但如果没有正确的记忆，其证言也必然会导致失真。

在记忆之前，必须识记，并须保持。识记、保持、再现、再认构成记忆的全过程。这个过程能否发生，取决于有无识记能力、保持能力、再现能力、再认能力，这四个能力缺少其中之一，记忆过程就很难发生。记忆能力因人而异，各不相同，即使是同一个人，也会因健康状况的变化而变化，因年龄的增长而逐渐减弱。作为一个证人，必须具备良好的识记、保持、再现、再认能力，否则就不能完整地陈述出所感知到的案件的事实和情节。

（一）识记阶段影响证言的因素

识记阶段对证言造成影响的因素主要有以下几种：

1. 识记对象

识记对象自身存在的不同特征和不同状态对证人的识记影响程度很大。一般来说，证人对识记对象的识记是由证人对识记对象所感知的印象而产生的。具有显著特征的人或物，具有曲折情节的事件，能够给人留下深刻的印象，较易记住。静止的物体，可以让人看个明白，但给人们留下的印象不一定深刻，因此也不一定容易记住。而运动的事物、活动的事物，如紧急呼救，追赶与被追赶，拼命挣扎、哭泣，急速上升或下降，撕裂等，虽然令人感知的时间较短，但印象较深，能够记住。事物出现在非常规状态中或意料之外，如千钧一发之际、摇摇欲坠之时、危在旦夕之刻，往往能够扣人心弦、动人心魄，使人较易记住。

识记的对象杂乱无章、头绪混杂，难以记住，而事物的内容单一或成套，有明显规律可循的，较易记住。案件发生当天恰遇证人有重大事情的，易引起联想，对这个日子能够记忆准确。总之，识记对象若是平平凡凡不引人注意的人、事、物，人们对其记忆程度不会太深。另外，证人识记的积极性也影响着记忆能力，如证人目击案件全过程后，证人要求自己一定要记住作案人的特征和事实、情节时，则识记的效果就会好一些。

2. 识记的频率

心理学研究认为，人对被感知事物的感知次数越多，记忆痕迹越深，识记效果越好；感知次数少，记忆痕迹浅，识记效果较差。任何刑事案件的发生，在任何一位证人眼中，都没有可重复性，因此对其识记的程度、证言的可靠性，一定要综合分析。

3. 识记时的注意

若证人对感知的事物感兴趣，就会给予注意，同时也就产生了记忆。若不感兴趣，不愿感知该事物，也就不易记住。

4. 识记时间的选择

在感知阶段就选择自己感兴趣的或熟悉的去感知，同时记忆过程也是在同步地选择记忆。心理学通常把人的记忆分为快之记忆和不快之记忆。人们对客观事物进行感知后，有的产生愉快的感觉，有的产生不愉快的感觉，人们在有意记忆方面，一般是按主观愿望选择快之记忆，抛弃不快之记忆。

5. 识记时的情绪

与感知阶段相对应，情绪不好时，不愿感知，甚至没有感知，同时也不需记忆。情绪低落时，感知效果减弱，记忆效果同时也降低。因此，情绪在影响了感知效果后，又影响着记忆效果。

6．识记的方法

识记案件或事实情节的效果与证人是否愿意使用科学的识记方法有直接关系，如联想法、比较法等。例如，一肇事车辆的车牌号码为×××51897，看一眼较难记住，若把它换作“×××我要把酒吃”就容易记住了。

（二）保持阶段影响证言的因素

保持是记忆的重要环节，借助于保持，证人识记的案件情况的印迹才能得到进一步的巩固。然而，被感知到而且被识记了的内容，往往又不可能被永久保持，因为在保持的过程中，常常出现遗忘，使证人不能回忆和再认（辨认）曾经识记过的案情，或产生错误的回忆和再认，因此使证言失真。影响保持阶段证言的因素主要有：

1．时间

每个人头脑中留存的被感知的事物的时间是有限的。随着时间的推移，头脑中留存的记忆痕迹逐渐减退、模糊，甚至消失，由此而出现部分遗忘甚至全部遗忘的现象。所以，时间过得越久，记忆的痕迹越模糊，遗忘的可能性就越大。不过，心理学研究认为，每个人对感知事物识记以后，在最初最短的时间内，记忆痕迹消失的快，遗忘的也就快；经过一段时间以后，记忆痕迹消失的速度和遗忘的进程反而比开始时减缓，对头脑中留存的内容和识记的事物的概要，可以保持较长时间。

2．加固

证人对感知的事件识记之后，因时间的推移，记忆痕迹逐渐减退、模糊，并出现遗忘。但如果在此期间由于其他原因使该识记经常被刺激，在头脑中再现，就能够起到加固、保持的作用。

3. 年龄

各个年龄段的人对识记对象有着不同的保持效果。心理学研究认为，少年儿童对机械性记忆保持较好；青年人对意义性记忆保持较好；老年人因记忆力衰退，对各种新的识记保持时间短些，而对旧的识记尚能保持较长一段时间。

4. 专业知识

证人因所学专业、所从事职业的不同，对感知事物的识记的保持有很大差异。例如，会计对数字的识记善于保持，驾驶员对车型、车号的识记善于保持，医生对受伤者伤势的识记善于保持，辩护律师对有利于被告的证据的识记善于保持，投身于股市的股民对股票的价格、代码的识记善于保持，等等。

5. 联想

旧地重游而触景生情又导致浮想联翩，就是联想的结果。证人对已感知的事物遗忘后，若遇到与此相类似或相关的同一事物、同一情景及相似的人时，会产生联想并勾起对原来感知的事物的识记，从而又能延长保持时间。侦查中，侦查人员往往会带证人到现场查看，或让证人辨认，其目的就是刺激证人的联想，勾起原来的识记。

因此，掌握和了解上述规律，对于判别证言的真实程度有很大的帮助。

（三）再现回忆阶段影响证言的因素

证人对已经感知的案情经过识记、保持等记忆过程，在需要把它回忆出来予以再现时，仍会受到许多因素的影响。

1. 重建过程中的篡改和歪曲

当证人识记案情后，并不可能完完全全地把感知的信息全部储存在大脑中，而总是把案情的某些信息和自己的知识经验以及道听途说的其他信息一并储存在大脑中，在向侦查人员陈述时，根据自己的理解，去重建回忆内容。在这期间，就容易把自认为无关的细节删去，而对自认为重要的细节加以夸大，遗忘之处则凭经验或想象来补充，将自己对案件的看法掺杂到证言中去，因此，造成证言失真。

2．情景因素的影响

证人回忆案情时，如果当时的情景条件适合于回忆或相似于所感知的案件现场情景，则容易回忆起当时的情节。如果询问人员态度粗暴或别有用心、威胁利诱，造成严肃的情景气氛，使证人产生畏惧的心理，就会直接抑制证人对案情的回忆。

3．情绪的影响

证人对能够带来威胁、激起紧张情绪、恐怖的情节容易回忆，对较为平淡、引不起情绪波动的情节不太容易回忆。原因在于其对紧张的情节感知的同时，忽略了其他情节。诚然，证人由于受到惊吓而带来的情绪波动，往往也会导致对案情事实回忆的错误或夸大。

（四）再认阶段影响证言的因素

再认，又称为辨认。辨认与案件有关的人、音、物在侦查实践中是常见的。虽然辨认比回忆简单容易，但也并不是任何人在任何情况下都能做到准确无误。它主要受以下因素的影响：

1．识记

证人对案情识记得牢固，保持得也牢固，再认就较容易。若证人当时对案情识记不准，而后又保持不牢固，再认就较困难。

2. 环境条件

证人识记所处的环境条件和证人再认时的环境条件如果相似或相同，证人再认较容易，否则较难。

3. 案情

一般来说，人们对案情重大的人、音、物较易再认，对案情一般、不引人注意的事较难再认。

4. 先入为主

先入为主往往是带有偏见的思维定式。证人带着自己头脑中已固定的思维定式去辨认，往往容易发生错误。

5. 再认时受到的暗示

侦查人员在询问证人时，若无经验，往往会给证人带来某些暗示，如“嫌疑人的照片都在这里，你看哪个是犯罪分子”，证人受到的暗示就是此中肯定就有犯罪人的照片，从中进行寻找。

6. 辨认方法

单独辨认和选择辨认的效果是有差异的。单独辨认，只是回答“是”或“不是”，虽对错概率各占 50%，但限制了选择范围，其确定性相对较低。选择辨认，是从多数中选其一，扩大了选择范围，而辨认者只需回答“就是这个”，增加了辨认的确定性。

三、陈述阶段影响证言的因素

陈述是证人证言形成的最后阶段。在陈述阶段，由于受到各种因素的影响，即使证人对案件真实、情节的感知很清晰，记忆很准确，其提供的证言也不一定真实可靠，往往会出现部分失真或全部失真的现象。它主要受以下因素的影响：

（一）证人陈述能力对证言的影响

证人陈述是指证人向公安司法人员叙述自己感知到的与案件有关的情况的过程。

证人陈述是靠证人的言语能力和表达能力来实现的。也就是说，一个完全合格的证人必须既具备言语能力，又具备表达能力。

言语能力包括口头言语能力和书面言语能力。聋哑人没有口头言语能力，但懂得哑语的聋哑人，具有书面言语能力，具有进行书面陈述表达的能力，可以成为证人。而痴呆人、精神病患者，因不能正常感知，可分为两种情况：一是永久性缺乏，二是暂时性缺乏。不懂哑语的聋哑人、痴呆人、严重精神病患者，均属于永久性缺乏；而醉酒的人和间歇性精神病患者在发病期间，则属于暂时性缺乏。

陈述阶段对证言的影响因素主要有：

1. 口头言语障碍

证人在陈述案情时，时而停顿，时而重复，造成语流中断现象，则可能导致证言失真。如口吃现象伴有身体无意识动作和情绪紧张等，情绪越紧张，口吃越严重，因此也影响了证人对案情的正常表达。

2. 询问者方法不当

询问人员态度生硬、方法简单，使证人产生惧怕或抵触心理，导致其不说、少说或说得不全。

3. 书面表达时代笔者的影响

如果证人需要作出书面证言，而又缺乏运用书面言语表达的能力，需找别人代笔时，因代笔者不能完全领会证人的意思，或不能准确表达证人的意思，也会使证言失真。

（二）证人动机对证言的影响

证人作证的动机对证言的真实性影响特别大。即使是证人具有正常的感知能力，能够准确地感知案情；同时因具有良好的记忆能力，准确地记忆了案情；还具有良好的陈述能力，能够客观、全面地陈述，但其作证的动机不是出于正义感和责任感，其提供的证言也会出现失真。

证人基于不同的作证动机，其作证的态度也不一样。侦查中，常见的证人的作证态度有：积极作证、消极作证、拒绝作证、作伪证和推翻前证等。

1. 证人积极作证的动机方面

有的证人在案件发生后，主动到侦查部门提供证言，而且能够将所了解的有关案情全部详细地提供，并能够主动提供各种线索和介绍其证言的来源。

证人积极作证的动机有：

第一，正义感。证人基于对犯罪人的愤恨，或对犯罪行为的憎恶，或对案件真实情况的掩盖、混淆、颠倒而气愤，或对被害人的同情，或对犯罪人逍遥法外的良心发现和道德唤醒等，而积极主动地提供证言，是出于正义感的动机。这些证言一般都能客观真实地反映自己所了解的案件真实情况，但应考虑其在感知和记忆阶段，主客观等因素的影响，从中甄别出失真之处。

第二，责任感。证人有着明确的法律意识，并认识到证人具有作证的义务，为维护国家利益和社会安全，而排除干扰，不顾压力，主动作证。有的证人与被害方有着特殊的关系和深厚的友谊，为了替被害者鸣冤，则义不容辞，积极主动作证。

第三，虚荣心。有的人认为为轰动社会的大案、要案作证，能够获得荣誉，可以显示自己，满足其虚荣心，或出于获奖金、受表扬等动机而积极作证，这种证言，失真的成分很大。

第四，私欲和报复。有的证人为达到个人的某种欲望，提供某些夸张、渲染和种种不符合实际情况或欲盖弥彰的虚假证言，或者为了报仇、抱怨、泄恨而落井下石，提供某些虚构、夸张的证言。

第五，谎言欲。在司法精神病学上有一种较轻微的人格变态叫谎言欲。这种人因有说谎癖，对某些街谈巷议、道听途说的案件，加上自己的幻想补充，出具谎证，以满足其谎言欲。

2. 证人消极作证的动机方面

证人消极作证是指证人本人不想作证，只是在某种压力的作用下，不得不出面作证，故而消极应对，或问东说西，或问多答少，或只提供众所周知的证言，而对只有自己知道或掌握的证据不提供等。例如，因受贿罪而被追究，需要行贿者提供证言时就往往会出现这种情况。当然也有其他情况。

证人消极作证的动机主要有：

第一，明哲保身的态度。有的证人出于“多一事不如少一事”的心理，既不得罪被害者又不包庇加害人，“事不关己，高高挂起”。这类证人对被害人的权利是否被侵犯，犯罪嫌疑人、被告人是否有罪，都持漠不关心的态度，只是由于侦查人员的说服教育或被害人、犯罪嫌疑人、被告人方求情，不得已而为之，所以其态度是消极的。

第二，同情心理。有的证人认为，实施犯罪行为的人，不一定都是坏人，往往具有某些特殊原因，或是被迫采取的不得已的行为，因而对这类犯罪嫌疑人、被告人持同情态度，所以作证态度消极。

第三，有顾虑。由于对有的案件情节羞于启齿，如少女看到的强奸或猥亵案，或证人直接或间接地受到某一方面的威胁或干扰，都会心存顾虑，不愿作证。

3. 拒绝作证的动机方面

我国《刑事诉讼法》第60条第1款规定："凡是知道案件情况的人，都有作证的义务。"但在实际工作中，确实存在着本人已准确地感知了案情，却拒不作证的情况。其动机多为：对司法机关的抵触心理，恐惧某种权势心理，"亲亲相隐"心理，宗教信念，个人得失等。

拒绝作证会给侦查工作带来一定的难度，但既然是拒绝作证，就不存在证言，没有证言，也就不存在证人证言失真的问题。

4. 作伪证的动机方面

伪证和证人证言失真是两种不同性质的问题。作伪证是犯罪；而证人作证时证言失真，我国《刑法》不认为是犯罪。作伪证是一种故意犯罪的行为，伪证本身就是虚假的，所以其失真之处就更明显了，而且其动机又是多种多样的，它的虚假表达出于一种纯动机方面的原因，而不属于感知、记忆、表述过程中由于主客观因素出现误差而导致证言不真实的情况。因此，这一问题留于后面第三章专门探讨。

5．证人推翻前证的动机方面

推翻前证是指证人因某种原因推翻前证而提出新的证言的情况。其多表现为否认以前所作的陈述而作出新的陈述，否定以前认定的证据和提供的物证、书证。但是，证人补充以前陈述时由于遗忘而遗漏的部分情节，或修正以前陈述时的有关不确切的内容，不能视为推翻前证。

推翻前证，在侦查实践中经常遇到。根据其动机不同，可分为推翻原来如实陈述的前证、推翻原来误证的前证、推翻原来虚假的前证三种。

第一，推翻原来如实陈述的动机。当证人向侦查人员如实陈述了所感知的案件的事实和情节后，又因其他因素的干扰而推翻了前证，或以伪证代替前证，或以误证代替前证。出现这种情况多是因为：（1）证人被威胁、恐吓，出于自身或家庭的安全的需要。（2）证人所作所言，在审理时发现对被害人不利。

第二，推翻原来误证的动机。证人在感知、记忆、陈述过程中，因受到各种因素的干扰，出现误证的情况是难免的。但在某种因素的刺激下，可以使证人的记忆印迹恢复或恢复遗忘的案件事实和情节，从而以真实的证言取代原来的误证。或者是证人作证后，由于另外一些原因而对所感知的案情有了新的理解，如受社会舆论、询问人员及其他人的暗示，对自己的前证产生动摇，重新提出证言。如果证人新的理解和受到的暗示是正确的，就以可信度高的证言取代前面的误证，否则，就会以此误证推翻前误证。

第三，推翻伪证的动机。证人作伪证后，往往会因各种原因而推翻原来伪证，或以真实证言替代原来伪证，或以新伪证替代旧伪证。其原因有：（1）怕受惩罚。证人在出于义气或其他原因作了伪证后，通过接受法律教育或亲友的劝说，知道作伪证是犯罪行为，所以主动推翻原来伪证。（2）良心发现。证人作伪证后，道德意识被唤醒，良心发现，自己的伪证会给犯罪嫌疑人、被告人家庭带来灾难，为作伪证的行为自我谴责，从而推翻伪证。（3）压力解除。证人作伪证时是迫于压力，而犯罪嫌疑人已被逮捕，威胁已消除，证人便可以如实陈述代替伪证。例如，侦查阶段的证言与审判阶段的证言有时是不一样的。另外，侦查人员非法取证，也会出现上述情况。（4）报复与防报复。报复是指共同作案人得知其他人破坏“攻守同盟”而把自己供出时，推翻前伪证，主动检举他人而作证。防报复是指当作伪证陷害犯罪嫌疑人、被告人而不足以判其死刑时，怕日后遭到报复而及时推翻前伪证。（5）不能自圆其说。因伪证经不起质证、经不起推敲，在侦查人员的询问下，证人自感矛盾、漏洞百出，令人难以置信，无法自圆其说，便推翻前伪证或以新伪证代之，或不得不将真实情况全盘托出。

总之，证人作证的动机，是判定证言真假程度的主要依据。

四、暗示对证人证言的影响

认识具有社会性。而暗示，是一种普遍的社会心理现象，广泛地存在于人类的社会生活中，每个人在社会中都在不断地接受着别人的暗示，又在不断地暗示着别人，从而使人与人之间产生了相互影响和相互模仿的行为。“近朱者赤，近墨者黑”，这其中便有着被暗示的成分。同时，每个人还在不断地自我暗示。证人在目击了案情后，在其感知阶段、记忆阶段、陈述阶段都有可能受到别人暗示和自我暗示的干扰，并对证言产生影响，暗示对证人的心理影响很大是证言失真的主要因素之一。

心理学上对暗示的表述是人们处于非对抗情况下，用含蓄的、间接的方式给对方的心理和行为施加影响的一种方法。[①] 暗示通常采取言语形式，也可采取摇头、点头、举手、耸肩、挤眉弄眼、掩耳投足等姿势和表情以及其他可使人意会的暗号来进行。暗示的结果可以使受暗示的人接受暗示者的信念和意见，按照暗示者的意愿行事。证人在提供证言时，如果受到暗示的影响往往会导致证言失真。

由于人的素质不同，接受暗示影响和感受暗示的敏感程度也不同。心理学把个体接受暗示影响的反应强度叫作受暗示能力。[②] 人们受暗示能力的不同，直接影响证人证言中受暗示的成分和情节，受暗示的成分或受暗示的情节的多少，又直接影响证人证言的真实可靠程度。受暗示的成分和情节越多，证言失真的概率越大。

暗示的种类多种多样。人生活在社会中，由于人与人之间的接触而发生的暗示比比皆是。此外，更有各种媒体如广播、电视的宣传，各种讲演、传说、报道，以及街谈巷议等广泛的通过媒介接触发生的间接暗示。这种间接暗示，由于传播渠道的暂时稳定性和可重复性，给人留下的印象较为深刻，对人的暗示作用较大。因其受到的此种暗示是潜移默化的，不易被觉

---

① 曹日昌编：《普通心理学》（上册），人民教育出版社 1980 年版，第 184 页。

② 曹日昌编：《普通心理学》（上册），人民教育出版社 1980 年版，第 184 页。

察和提防的，所以对证人证言的影响就更大。

暗示可分为直接暗示和间接暗示。

（一）直接暗示对证言的影响

直接暗示，一般是指暗示者有目的地向他人发出信息，以期望被暗示人能够解读其内涵从而产生预期效果。侦查人员带有暗示性的询问，是直接暗示。刑事侦查中，有的是由“案”找“人”的回溯侦查过程，有的则是由“人”找“案”的查证过程，侦查人员一般根据已经掌握的有关案情，作出假设、推断，而后用证人证言和其他证据来求证这些假设、推断是否成立。通过这种方式收集的证言往往与事实有较大差距。询问证人，目的在于获得证人对目击事件感知的真实的表述，要服从证据证明的客观事件，而不能要求客观事实来符合自己的假设、推断。

（二）间接暗示对证言的影响

间接暗示，是指没有明确动机、没有明确意义而“润物细无声”地被受暗示者没有抵触、无防范地理解并接受了的现象。

这种暗示，往往体现在以下几个方面：

1. 闲聊的暗示

闲聊是人们之间最普遍、最常用的交际方法，借闲聊以沟通信息，互相了解，以至理解。闲聊之前，由于每个人的文化层次、生活空间、专业爱好、知识的深度和广度以及所获情报等各不相同，一经交流，互相补充了各自所不掌握、不了解的信息情报，而其中的准确性和真实性却无从考证。再者，本来每个人对事物的评价和判断是不相同的，但一经交流，其思想意识也易趋于一致。这都是由于相互暗示所产生的效力。每一个重大案件发生，常会成为当地当时谈论的热门话题，而无论在何种场合的交流、交谈，都会产生各种暗示，这些暗示往往能够改变人原先感知案情的记忆痕迹，而使其证言失真。

2．议论的暗示

多数人的共同行为，容易对人产生暗示作用，多数证人对案件的倾向性意见，容易动摇某个证人自己保持的案情印迹而附和多数证言。因为对案件情况的议论，有时是在同一案件的两个证人之间，有时是在现场附近的人群之间，甚至在犯罪嫌疑人、被告人或被害人单位里，或者在某种正式和非正式会议上，这种以案件情况为题目的议论，就给证人带来了不可抗拒的强大暗示，所以其证言就附和了多数人意见，而这种多数人意见并不一定符合案件事实。

3．庭审情景的暗示

证人被传唤出庭作证，由于法庭情景的庄严肃穆而受到某种暗示，改变了原来准备作伪证的动机，作如实陈述，这属于法庭情景产生的积极暗示效果。也有一部分原打算出庭作证的人，被法庭的严肃气氛所感染，心理紧张，尤其是法庭辩论和质证时的紧追不舍，而惧怕作证，使原来的记忆痕迹发生混乱，词不达意，有头无尾，造成证言失真。

4．权威方面的暗示

当证人感知了案情后，与案件有关的某些权威单位、权威人物在各种场合以不同方式对案件发表的意见、看法、分析、推断等，都能对证人产生极大的暗示，往往能够使证人改变自己的记忆痕迹，而做出失真证言。

5. 舆论的暗示

对社会影响大的案件，往往会引发强烈的社会舆论关注。证人作为普通民众的一员，通过观看新闻报道，难免会不自觉地受其影响。特别是有些报道先入为主的结论，给人的暗示作用很大，极易导致证言失真。例如，许多在案发时新闻媒体报道的案件，当判决结果出来后，往往与报道的差距很大，有时甚至是不符合事实的。这当中，人为的补充、推断猜想占相当大的成分，给证人形成了暗示，带来了失真的证言。

第九节 证人证言失真的矫正

从上述可以看出，证人证言在其形成的过程中，由于主观、客观多种因素的影响，证人作证的动机和个体性格的差异，以及询问人员本身的某些因素的影响等，使证人证言存在着或多或少甚至全部失真的现象。因此，为了甄别证人证言的真伪，避免证人证言失真，就需要确立合理的收集证言的原则、制定科学的收集证言的方法、建立证人证言审查评断制度，以有效地对证人证言失真的问题进行矫正。

一、确定收集证人证言的原则

（一）依法原则

收集证人证言必须依照法律规定的程序进行。《刑事诉讼法》第113条规定：“公安机关对已经立案的刑事案件，应当进行侦查，收集、调取犯罪嫌疑人有罪或者无罪、罪轻或者罪重的证据材料……”这是侦查机关收集证据的法律依据。证人证言是法定的八种证据之一。因此，在收集证据时，要做到客观、全面，既要收集能够证明犯罪嫌疑人有罪的证据，又要收集能够证明犯罪嫌疑人无罪的证据，而不能只收集有罪证据或者只收集无罪证据。

《刑事诉讼法》第122条规定："侦查人员询问证人，可以在现场进行，也可以到证人所在单位、住处或者证人提出的地点进行，在必要的时候，可以通知证人到人民检察院或者公安机关提供证言。在现场询问证人，应当出示工作证件，到证人所在单位、住处或者证人提出的地点询问证人，应当出示人民检察院或者公安机关的证明文件。询问证人应当个别进行。"这是对侦查人员询问证人地点、形式的程序的规定。侦查人员询问证人时，应当方便证人，为有利于查明犯罪事实，应根据实际情况确定询问地点。侦查人员到证人所在单位或者住处询问，既可节约证人时间，又能够及时得到证人所在单位的支持，便于了解证人情况，有助于对证人证言作出分析、判断，为了保护证人的合法权益，防止滥用侦查权，必须出示侦查机关的证明文件。若有以下几种情况，可通知证人到侦查机关提供证言：(1）案情涉及国家秘密；(2）证人所在单位、家庭成员及住处周围的人员与案件有利害关系，为了保证证人的人身安全，防止被干扰；(3）证人在侦查阶段不愿公开自己姓名和证人身份，为了消除证人的顾虑，替证人保密。询问证人应个别进行的目的则在于：防止证人之间相互暗示或相互串通，保证证人证言真实可靠和保守案情秘密，以便于证人证言之间的相互印证、对照，发现矛盾，甄别其真伪。

《刑事诉讼法》第123条规定："询问证人，应当告知他应当如实地提供证据、证言和有意作伪证或者隐匿罪证要负的法律责任。”根据此规定，侦查人员在询问证人时，要告知他应当如实提供证言和其他证据，对所掌握的书证、物证及其他证据，不能隐匿不交或者私自销毁、涂改；对了解的案情及有关情况，应当实事求是地进行陈述或书写，既不能夸大，也不能缩小。同时，要告知证人有关的法律规定，使其了解知情人有作证的义务和有意作伪证或者隐匿罪证要负的法律责任。询问不满18周岁的证人应在其熟悉的环境中进行，如在学校、家中，可以通知其法定代理人到场，并应事先做好法定代理人的思想工作，以使证人消除顾虑，如实作证，并告诫法定代理人，不得干扰证人作证。若证人虽不满18周岁但已接近，并能够正确表达自己意志，而法定代理人到场反而会给证人增加压力、带来心理影响的，也可以不通知其法定代理人到场。

《刑事诉讼法》第124条规定：“本法第一百二十条的规定，也适用于询问证人。”第120条规定：“讯问笔录应当交犯罪嫌疑人核对，对于没有阅读能力的，应当向他宣读。如果记载有遗漏或者差错，犯罪嫌疑人可以提出补充或者改正。犯罪嫌疑人承认笔录没有错误后，应当签名或者盖章。侦查人员也应当在笔录上签名。犯罪嫌疑人请求自行书写供述的，应当准许。必要的时候，侦查人员也可以要求犯罪嫌疑人亲笔书写供词。”因为询问证人和讯问犯罪嫌疑人，都是为获取真实可靠的证据、查明案件事实，所以，询问证人笔录和讯问犯罪嫌疑人笔录一样，都应依上述规定制作。

《刑事诉讼法》第50条规定：“审判人员、检察人员、侦查人员必须依照法定程序，收集能够证实犯罪嫌疑人、被告人有罪或者无罪、犯罪情节轻重的各种证据。严禁刑讯逼供和以威胁、引诱、欺骗以及其他非法方法收集证据，不得强迫任何人证实自己有罪。必须保证一切与案件有关或者了解案情的公民，有客观地充分地提供证据的条件，除特殊情况外，可以吸收他们协助调查。”这是对依法收集证据、严禁非法取证和确保了解案情的公民有充分的作证条件的规定。通过本条规定，可以看出法律对证人的重视与保护和对司法人员的严格要求。本条中的“必须保证一切与案件有关或者了解案情的公民，有客观充分地提供证据的条件”，主要包括：（1）保护证人亲属的安全、免除证人的恐惧心理，摆脱可能受到的损害威胁。（2）分别询问证人。（3）客观、全面地听取证人的陈述或证词，不得引导、暗示证人作片面的证言，或者只听取、记录片面的证词。

《刑事诉讼法》第61条规定：“人民法院、人民检察院和公安机关应当保障证人及其近亲属的安全。对证人及其近亲属进行威胁、侮辱、殴打或者打击报复，构成犯罪的，依法追究刑事责任；尚不够刑事处罚的，依法给予治安管理处罚。”《刑事诉讼法》第62条的规定保障了诉讼参与人的诉讼权利，是刑事诉讼法的基本原则之一。那么，应如何保证证人有客观充分地提供证据的条件，履行作证义务，如实提供案件真实情况呢？最重要的一点就是保障证人及其近亲属的安全，这既是惩治犯罪的需要，又是刑事诉讼保护目的的体现。尤其是在恶性犯罪不断出现、犯罪手段不断翻新、犯罪情况日趋复杂的情况下，有许多案发现场目击证人、受害者家属甚至受害者本人，都不愿出庭作证，就是因为证人作证要冒一定的危险，而作为法律，不能直接强调证人作证义务，也要为证人解决后顾之忧，提供安全保障。只有这样，才能确保刑法任务的实现。

（二）客观原则

《刑事诉讼法》第114条规定："公安机关经过侦查，对有证据证明有犯罪事实的案件，应当进行预审，对收集、调取的证据材料予以核实。"其核实的过程，即需要用客观原则来体现。客观原则就是要求侦查人员在取证时，必须用实事求是的态度去收集、核实证言。既要认真听取、记录证人所感知的事实和情节，又要客观地分析和理解证人证言。

《刑事诉讼法》第59条规定："证人证言必须在法庭上经过公诉人、被害人和被告人、辩护人双方质证并且查实以后，才能作为定案的根据……"所以，收集证言绝不能存在偏听偏信、随意取舍、弄虚作假、歪曲事实等违背客观事实的做法，因为证人证言是要经得起庭审中的质证的检验的。因此，必须确立和遵守客观原则。

（三）全面原则

全面原则就是要求侦查人员必须收集能够反映案件情况的一切证言。根据《刑事诉讼法》第113条的规定，在证明犯罪发生时间、地点、原因、经过，犯罪的手法、手段，造成的危害结果的同时，还要收集、调取犯罪嫌疑人、被告人有罪或者无罪、罪轻或者罪重的证言，以求能把案件的各个情节实事求是地反映出来。确立这一原则，有利于证言与证言之间，证言与犯罪情节之间，证言与犯罪嫌疑人、被告人口供之间相互印证，以发现矛盾、排除误证。

（四）及时原则

侦查人员接到报案后，要尽快抵达现场，及时发现和询问证人，以取得感知记忆效果最佳的证言。避免证人因时间延长，记忆印迹淡薄或遗忘，以及证人在感知案件后，受到各方面的压力和暗示，而使证言失真。侦查实践证明，及时收集证言，证言的准确率就高，及时破案的可能性就大。否则，往往造成证言收集困难，失真率高，影响案件的及时侦破。

（五）积极谦和原则

侦查人员收集证人证言，要以积极主动、谦虚和气的态度对待证人，因为证人证言的收集过程是一次心理交往的过程。侦查人员能够诚恳虚心、和善友好地对待证人，无疑可以使证人形成协调一致的心理而不至于产生反感甚至抵触情绪，而拒绝作证或作误证、伪证。所以，侦查人员在收集证人证言时，既要积极主动，又要谦虚和气，这样才会收到良好的效果。

（六）因人制宜原则

人与人之间因其先天素质和后天条件的不同，以及在个案上的感知、记忆能力不同和每个人的生理、心理特点不同而存在着较大的差异。因此，应针对不同证人的个别差异和心理状态，选择不同的方式方法，排除证人的心理障碍，从而获取准确的证言。例如，对于与案件有着某种牵连、害怕追究责任而拒绝作证的人，应进行适当的法制教育，让其明白作证的义务，摆明利害关系，使其主动作证。对于想一推了之、不愿作证的，可以适当给予提示或出示证明其在场的证据，以消除其侥幸心理。对于与犯罪嫌疑人、被告人或被害人有仇而夸大或缩小事实的证人，既要向其阐明法律的严肃性，又要告知其不能感情用事，在发现其证言矛盾和不合情理之处，应提出疑问和反驳，以得到符合事实的证言。对于怕影响工作、怕添麻烦的证人，应告知其犯罪给社会带来的危害，以唤起其良知和正义感，而如实提供证言。对于怕打击报复而不愿作证的证人，应告知其保护证人的法律规定以及司法机关打击犯罪的决心和抓获犯罪嫌疑人的能力。同时，可为证人保密，并且切实做好保护工作，消除证人的惧怕心理，使其积极主动地充当证人和提供证言。对未成年人的询问，除了在其熟悉的环境中进行外，还要言语和气，避免暗示，让其自由畅谈，从中找出与案件有关的情节和环节。对老年人的询问，除了要态度谦和外，还要注意询问时间不宜太长，不要轻易打断其叙述和与其发生争论等。

二、确立收集证人证言的方法

要防止和避免证人证言失真，使证人的陈述完全、准确、谨慎，就必须采取科学的询问方法，并通过立法或司法解释，将这些方法加以确定。询问证人的方法国内有的侦查方面的著名学者已经将其归纳提炼，具有一定的科学性和可操作性，值得在以后的侦查立法或司法解释中借鉴和肯定。在北京大学法学教授张玉镶所著的《当代侦查学》第九章第三节中，就从理论和实践的结合上提出了询问证人的五种科学方法，即自由陈述法、广泛提问法、联想刺激法、检查性提问法和质证提问法。

（一）自由陈述法

自由陈述法是侦查人员让证人自然地、比较详细和系统地叙述所知道的有关案件情况的一种方法。采用这种方法，要求侦查人员在证人陈述未完之前，不插言制止或提问，即使证人的陈述已经超出要求的范围，甚至琐碎重复，也不要轻易打断或提出疑问。因为这样做，一是容易打断证人的思路，可能因此而发生错乱，失掉线索，遗漏重要细节；二是容易使证人受到某种影响或暗示，少讲或者不讲他本来知道的某种情况。只有在证人过分夸张或其叙述显然偏离案件的内容时，才可以巧妙地揭露或指出其述说中的矛盾和偏离主题的毛病，使他的陈述能够围绕对案件有意义的问题而展开，否则，将会影响证人陈述的质量。

（二）广泛提问法

广泛提问法是侦查人员对证人进行范围广泛的提问的一种询问方法。该方法多在证人作了系统陈述之后，根据案件情况和存在疑点进行询问时采用。采用此方法，应注意避免下面两种提问方式：一是含有“提示性”的提问方式，二是含有“供选择”的提问方式。这两种提问方式，都限制了证人的陈述。

（三）联想刺激法

联想刺激法是侦查人员帮助证人恢复记忆的一种询问方法。有时由于距发案时间较长，加之琐事纷繁，证人对案件的某些情况已印象淡薄，或者完全忘记。遇到这种情况，侦查人员可根据已经获取的证据情况，采取巧妙、灵活的方法，帮助证人恢复记忆。联想刺激法主要有接近联想法、相似联想法、对比联想法和关系联想法。询问证人主要采用接近联想法。接近联想法，是指对一件事物的感知或回忆，引起和它在空间或时间上接近的事物的回忆。这种方法经常在证人记不清犯罪的地点和时间时采用。例如，证人不能记忆所陈述的事实究竟是在什么地点发生的时候，侦查人员可以就距案发地点较近的场所的物体进行提问。在空间或时间上接近的事物，在经验中容易形成联系，因而容易由一事物想到另一事物。

（四）检查性提问法

检查性提问法是侦查人员对证人的陈述追根求源即追溯源头证言的一种询问方法。此法对于查明证人陈述的准确性、真实性和发现新的重大问题，具有重要意义。采用此方法，侦查人员首先要向证人提出确定的和需要补充说明的问题，让证人进行具体陈述，以便从中发现矛盾，揭发谎言，查明具有证据意义的重大问题。此外，还要向证人询问他的消息的来源，并要详细查询其感知案件情况时的各种客观条件，如时间、空间、位置、距离、光线、风向、音响和周围其他事件等。有时证人作出错误的和不真实的陈述，是因为他没有理解侦查人员所提出的问题。故采用此法时，侦查人员必须用证人最容易理解的言语，提出明确、具体、简要的问题，以使证人作出准确、可靠的陈述。

（五）质证提问法

质证提问法是侦查人员巩固证人证言的一种询问方法。一般是在证人作了系统陈述或对某一重要事实、情节作了陈述之后，要先让证人对已作的陈述保证是对的，再让其重述一遍。但应注意的是，如果证人推翻已作的陈述，应当允许，并要查明其推翻的原因，以便进一步开展侦查、调查工作。

必须指出的是，上述几种询问方法是相互联系、密不可分的，不能把它们割裂开来，孤立地去运用其中的一种方法，也不能任意破坏其中的任何一种方法，而应把它们作为一个完整的方法体系，机动灵活地加以综合运用，只有这样，才能使取得的证言或其他证据材料具有法律效力。[①]

三、建立证人证言审查评断制度

对证人证言进行审查评断就是为了对其真实性及其证明价值作出准确的评价。对于证人证言，切忌拿来就用，不问出处，不顾事实。

（一）审查评断证人证言的重要性

因为前面所述的种种原因，证人证言总是有真有假、有虚有实，有的与案件事实有联系，有的与案件事实没有联系。证言与其他证据之间、此证言与彼证言之间，有的相互矛盾，有的相互一致，可谓错综复杂。然而，法律要求侦查人员所收集的证言不仅要真实可靠、没有矛盾，而且还要和其他证据能够相互印证、相互补充，形成无懈可击的证据链，以达到办成“铁案”的目的。为此，必须对证人证言进行严格的审查，以作出科学的判断。

为了不影响侦查工作的进程，当证言被收集到后，应立即对其审查，并做出合乎逻辑的评断。若证言有价值，可依据证人提供的线索进行下一步的调查取证工作。当发现证言有失真的情形时，可进一步分析证人的心理状态和作证动机，并及时运用其他的询问方法和策略，以获取真实可靠的证言。

（二）审查评断证人证言的方法

首先，审查证人主体资格，即证人是否真正了解案情，并有作证资格。若生理上有缺陷，或者年幼且不能辨别是非，不

① 张玉镶、文盛堂著：《当代侦查学》，中国检察出版社 1998 年版。

能正确表达，就不能作为证人。若虽年幼，但能辨别是非，能够正确表达，其陈述就可以作为证言来看待。其次，审查证人证言的来源，即证人是亲自感知还是转述别人的感知，若转述别人的感知，一定要说明来龙去脉，找出源头证言。对没有根据的传言，不能作为证言加以使用。对于收集的有证人资格，并且由证人亲自感知而来的证言的审判评断，应从以下几方面进行分析。

1. 证人证言形成过程的分析

如前所述，证人证言的形成过程分为感知阶段、记忆阶段、陈述阶段。在这三个阶段中，由于受到各种因素的干扰和影响，而使证人证言部分或全部脱离了事实真相，所以要注意分析以下几点：

第一，证人自身能力。认真分析证人的感知、记忆、陈述能力。因为证人证言的真实可靠，与其上述三种能力紧密相关，其中任何一个环节出现问题，都会导致证言失真。因此，必须采用科学、合理的方法鉴别、确认其感知、记忆、陈述能力是否正常，有无缺陷等，从而判定其证言的可信程度。

第二，证人心理变化。注意寻找证人证言形成过程中证人所受到的心理影响因素。证人证言形成过程中，证人经常会受到客观外界因素对其自身的影响而导致心理发生变化，使证言失真，如受到威胁、引诱、欺骗、惊吓的程度，受到暗示的深度等因素，可结合这些因素对证人证言进行评断。

第三，重视客观环境因素。查清证人证言形成过程中的客观环境因素，如白天与晚上光线的差别、晴天与雾天视线的差别、距离远近的差别、时间长短的差别等。

第四，发现证人证言中的自身矛盾。认真分析证人证言本身有无矛盾，自相矛盾的证言不能用作立案和证明案情的依据。证人证言在诉讼中要发挥证据作用，必须本身无矛盾，若有矛盾，必须指明，并让证人进行解释，若无法自圆其说，矛盾仍然存在，找不出原因，则应一律排除。

2. 证人作证动机的分析

根据证人作证的动机，结合证言内容，对其真实可靠性进行评断。如前所述，证人作证的动机多种多样，所以要从多方面对其作证动机进行分析。

第一，分析证人与案件处理结果有无利害关系，即证人与犯罪嫌疑人、被告人、被害人及其近亲属有无利害关系，以及利害关系的程度。与案件处理结果有利害关系的证人，其作证动机往往不纯，有证言失真的可能，甚至构成伪证。

第二，分析证人是否受到诱骗、威胁、刑讯逼供等情况，而证人又不敢告诉甚至隐瞒实情、委屈作证。在这些情况下证人所提供的证言均是无效的。

第三，根据证人的个性品质分析其证言。英美法系国家有“品格证据”的规定，即认为“证人的品格是与证言可靠性有关的事实”。[①] 我国虽然没有“品格证据”的规定，但是根据证人平时的道德品质、一贯表现等来综合评价其证言的真实程度，也是有一定的可操作性的。

3. 证人证言与案件的关联性分析

审查证人证言与案件之间是否存在着客观内在的联系，若

① 宋世杰著：《诉讼证据学》，湖南人民出版社 1988 年版。

有联系，可视为证言；若无联系，又无证明价值，则应予以排除。

4．相互对照分析

对某一案件的证言与证言之间、证言与其他证据之间，根据案件发生的时间、空间、条件联系对照，分析研究，观察其是否符合客观事实。

第一，观察同一个证人的前后供述是否存在矛盾。许多证人的多次陈述的内容往往会在时间、空间或其他情节上出现差异，有时是记忆的因素造成的，属正常。但若前后几次的证言之间出现矛盾，就需要找出原因，不能简单地认定为伪证、假证，而是要根据前后供述间隔的时间的长短、内容变化的程度和性质，并结合人体的记忆痕迹的变化，综合考虑，详细询问、认真研究后，作出合理的评断。

第二，此证人证言与彼证人证言的对照。若两名证人之间的证言完全一致，毫无差异，也不能完全认定其是真实可靠的，因为这种情况往往是证人之间相互串通，或在讨论时被相互暗示的结果；也可能是询问人员威胁、诱骗所致。若两名证人之间的证言不一致，甚至相互矛盾，则要根据情况找出原因，确定真伪。这其中往往是每个人各有一部分正确，各有一部分错误；或某一个人是全部错误，而另一个人是全部正确。遇有这种情况，应当从与其他证据能否相互印证进行分析。

第三，证言与其他证据的对照。真实可靠的证言和其他证据之间是可以相互印证的，它们能够构成对同一案件的证据链，证实该案件发生、发展的过程。如果证言与其他证据之间有矛盾，不能相互印证，那就说明其中之一不可靠，要么证言失真，要么证据失实，这就需要进一步调查、询问，以最终达到协调一致。

5．分析询问记录

分析询问记录，可以从中看出询问证人全过程中的所有细节，以发现证人是否有被暗示、引诱或欺骗的情节，据以判断证人证言的真实性。如果询问记录是以录音录像的方式制作的，就更容易对其进行分析判断了。

总之，任何事物都是有规律的，对证人证言的审查评断也是一个发现规律后运用规律的过程。只有发现和掌握了证人证言失真的规律，才能够从根本上排除和矫正证人证言的失真。研究证人证言失真的目的是矫正和排除失真证言，而矫正和排除失真证言的目的是为侦查工作带来促进和推动，以抛弃那些既违法的又令人深恶痛绝的“刑讯逼供、刑讯逼证”做法，使侦查工作向科学化、文明化迈进。

第三章 证人作伪证相关问题的探讨

伪证对于刑事诉讼的进行危害性很大，它妨碍了正常的诉讼程序的进行，对于正确查明案件的真相非常不利，是我们在刑事诉讼工作中应当着力发现和排除的问题。

第一节 中国古代关于伪证方面的规定

儒家思想中固有“亲亲相隐”的传统，渊源于孔子的“父为子隐，子为父隐”的主张。至汉代，确立了“亲亲相首匿”的原则。唐代的规定使这一制度臻于完善，确立了“同居者和亲属有罪相为隐”的原则。《唐律疏议·名例律》规定：“诸同居，若大功以上亲及外祖父母、外孙，若孙之妇，夫之兄弟及兄弟妻，有罪相为隐；部曲、奴婢为主隐，皆勿论……其小功以下相隐，减凡人三等。若犯谋叛以上者，不用此律。”① 此外，《唐律疏议·断狱律》规定：“年八十以上，十岁以下及笃疾，皆不得令其为证，违者减罪人罪三等。”②《唐律疏议》的注解

① 《唐律疏议·名例律》。
② 《唐律疏议·断狱律》。

为：由于对这些人无法动用刑讯，所以免除他们的作证义务。

一、证言审查制度

西周的听讼制度规定了“五听”制度。“以五声听狱讼，求民情：一曰辞听，二曰色听，三曰气听，四曰耳听，五曰目听。”（《周礼·秋官·小司寇》）在审理案件中，法官察言观色，从五个方面仔细审查原告、被告的心理活动进行断案，这是我国古代审判活动的一项经验总结。① 尽管这种认证方法似乎太过于主观和绝对，但考虑到当时的科学发展水平，人们的认识能力和经验的局限等诸多因素，这种制度的产生还是有一定的合理性的。因此，自汉朝以后的朝代也纷纷效仿规定或沿用了西周以来的五听制度。《唐律疏议》中对《讯囚察词理》的注解为：“依《狱官令》：察狱之官，先备五听，又验诸证信，事状疑似，犹不首实者，然后拷掠。”② 如《宋刑统》规定：“以五声听狱讼，求民情：一曰辞听，观其出言，不直则烦。二曰色听，观其颜色，不直则赧然。三曰气听，观其气息，不直则喘。四曰耳听，观其听聆，不直则惑。五曰目听，观其瞻视，不直则眊然。”③

二、伪证的处罚

出土的东汉案卷中记载有“证人不言情者”“以辞所出入，

---

① 茅彭年著：《中国刑事司法制度》（先秦卷），法律出版社2001年版，第39页。

② 《唐律疏议·断狱律》。

③ 《宋刑统·断狱律》。

罪反之”的规定，即伪证罪采取反坐原则，这是相当严厉的。唐律和明律也都有“伪证反坐其罪”的规定。[①]

唐律中明确规定了对伪证的界定和处罚，“诸证不言情，及译人诈伪，致罪有出入者，证人减二等”[②]。明律中也有类似于唐律的处罚规定。对于伪证行为，在各个时期处罚都比较重。这是因为，在追求“定纷止争”、恢复秩序的司法程序中，伪证行为和拒证行为都是扰乱这种调整机制的行为，是对代表国家权力机关的活动的一种藐视和挑战，当然为统治者所不许；而对于普通民众来说，伪证也是对主流道德原则的一种违背，被视为对诸如诚实、善良道德的离弃，为社会主流观念所不容。[③]

三、证言的证明力

到了西周时期，刑事司法已经从神示制度中解脱出来，形成了证据制度，人证成为比较重要的证据形式。秦国的刑事诉讼，是以口供和证人证言作为重要证据的。“追捕商鞅案”是以公子虔之徒告发商鞅谋反作为主要证据……在当时，这种告发，这样的证人证言乃是合法证据。[④] 可见，原告的控诉作为证人证言，可以用作主要证据。

---

① 徐静村主编：《刑事诉讼法学》（修订本）上册，法律出版社 1999 年版，第 27 页。

② 《唐律疏议·诈伪律》。

③ 何家弘主编：《证人制度研究》，人民法院出版社 2004 年版，第 41 页。

④ 茅彭年著：《中国刑事司法制度》（先秦卷），法律出版社 2001 年版，第 55 页。

汉代不仅要求比较简单的诉讼，要取一个证人的证言，更要重视对比较重大的案件获取众多证人的证言。为了获取证人的证言，不顾路途的远近，不考虑人数的多少，甚至也不惜刑讯拷掠，以取得证人之证言的要务。[①]

唐代法律中明文规定“据众证定罪”，《唐律疏议》解释曰，“证不言情”，谓应议、请、减，七十以上、十五以下及废疾，并据众证定罪，证人不吐情实，遂令罪有增减；……律称“致罪有出入”，即明据证及译以定刑名……[②]“据众证定罪”的适用范围是“议、请、减、老、小、疾”六类人，由于对这些人不能进行刑讯，因而要根据“众证”来定罪。此外，在《唐律疏议》解释中提到：“所告之事，证有二人，一人证是，一人证非，证既不足，合科‘疑罪’以否?”“答曰：律云‘据众证定罪’，称众者，三人以上。‘若证不足，告者不反坐’。察验难明，二人证实，犹故不合入罪，况一实一虚，被告之人，全不合坐，其于告者，亦得免科。若全无证人，自须审查虚实，以状断之。若三人证实，三人证虚，是名疑罪。”[③] 对于以上情形，也要众证定罪。

对于证人的证明力，《宋刑统》也规定须“众证定罪”，称“众者，三人以上，明正其实，始合定罪，违者以故失论”。“若

① 李交发著：《中国诉讼法史》，中国检察出版社2002年版，第108页。

② 《唐律疏议·诈伪律》。

③ 《唐律疏议·断狱律》。

三人证实，三人证虚，是名疑罪”。①

依众证定罪的规则似乎带有证据法定主义的色彩，因为法律预先规定了对证据证明力的判断规则，排斥了法官对证明力的判断，显现出过于形式主义和僵化的特征。但是，不可否认的是，这种证据规则的经验总结和明确规定，相对于秦朝法家来说，还是有很大进步的，至少反映了人们认识能力的提高的过程。

第二节　境外部分国家或地区关于伪证方面的规定

一、证人宣誓和具结制度

许多国家和地区的法律都要求证人出庭作证时有宣誓的义务，并且宣誓行为成为了伪证罪的构成要件。

（一）英美法系的规定

在英国早期普通法中，考虑到非基督徒和无神论者无法通过依圣经宣誓而保证其证言的真实性，这些人的证言在诉讼中不能作为证据加以采用，也就是说，非基督徒和无神论者通常被认为不具备证人的资格。② 而现代法律对此早已突破。英国《1978 年宣誓法》分别对宣誓和郑重承诺作了规定。

---

① 王云海主编：《宋代司法制度》，河南大学出版社 1992 年版，第 213 页。

② 齐树洁主编：《英国证据法》，厦门大学出版社 2002 年版，第 224 页。

该法第1款规定，在英格兰、威尔士和北爱尔兰，任何宣誓都可以以下列形式和方式进行和作出——宣誓人应举起一只手，手持《新约全书》，或者宣誓人为犹太教徒时，手持《旧约全书》，说或者跟着宣誓主持官重复“我向万能的上帝发誓……”的话，接着是法律规定的宣誓时应讲的话。第4款规定，如果宣誓是以法律规定之外的其他形式和方式进行的，宣誓人应受该宣誓的约束。第5款规定，如果因为宗教信仰的差异而拒绝宣誓的，应当允许其以郑重承诺替代宣誓。它适用于第2项规定的情形：如果要求一个人以与其宗教信仰相适应的方式宣誓，不会造成不便或者迟延的，是可行的。第6款规定了郑重承诺的方式——“我……郑重地、真诚地和真实地声明与承诺”。当然，也可以依法进行书面承诺。[①]

在美国，言词证据是证人在法庭的证人席上经宣誓或正式确认后提供的口头证言，或者偶尔也可以是审判前经宣誓提供的证人证言。[②]

（二）大陆法系的规定

例如，德国刑事诉讼法规定：“每一位证人最后依刑事诉讼法第60条至第66b条之规定，均有对其陈述加以宣誓（发誓）之义务。须宣誓的讯问只有法官方可进行，而不得由检察官来执行。”事实上，如果一非宗教信仰极强的国家用宗教上的良知的强制来实现其非宗教的事项，确实有其困难之处。因此，其

① 何家弘、张卫平主编：《外国证据法选译》（增补卷），人民法院出版社2000年版，第282～284页。

② ［美］乔恩·R. 华尔兹著：《刑事证据大全》，何家弘等译，中国人民公安大学出版社1993年版，第13页。

立法者在刑事诉讼法的修正第一草案的补充法中，即新增设刑事诉讼法第66d条，将该发誓因信仰或良知的原因而代之以与宣誓同效力的“坚信”。[①] 此外，无法律上之理由拒绝陈述证人证言或宣誓时，证人应负担其拒绝所生之费用，并得科以罚金，无法缴纳罚金时，处以拘留。

我国台湾地区“刑事诉讼法”规定证人有具结的义务，实行具结制度，与英美法及日本刑事诉讼法采用的宣誓制度虽然形式不同，但其用意在于担保证言的真实性和可信性，在这一点上是相同的。我国台湾地区学者陈朴生认为：“盖宣誓，源于宗教信仰，基于人类对神忠诚之精神而产生。现今神权思想日趋淡薄，取代以法律之制裁。即崇奉基督教之美国，亦次第承认异教之宣誓方式，进而许承诺为真实之陈述，以代替宣誓。”“以具结代替宣誓。故以具结代替宣誓，重在法律。”[②]

二、关于证人能力问题

证人能力也称证人资格，是指一个人能够作为证人来提供证言的资格。17世纪时，凡犯叛乱罪、重罪或伪造罪者，即非适格之证人，当时已成为定则。所谓伪造罪中，则似明显包括诈欺或不法妨碍司法权之行使。无论此种不适格，其初产生之理由为何，其后用以为解脱之理论，系谓犯罪行为足以表现道德之堕落致使犯罪人完全不堪信任，以及有罪之裁判成为被告

---

① ［德］克劳思·罗科信著：《刑事诉讼法》，吴丽琪译，法律出版社2003年版，第250～251页。

② （台）陈朴生：《刑事证据法》，（我国台湾地区）三民书局1979年版，第378～379页。

有罪决定性之证据，而剥夺其作证资格，不过为处罚的一部分而已。然而，此种理论显然不能解释一系列接受之法则，因此上述普通法上不合理之主义，终经大多数州之指定法予以废止。其在美国，有十二左右之司法管辖区域，凡受伪证罪之处罚者，丧失证人之资格，在其中之一州，凡受若干其他重罪之处罚者亦同。① 普通法上，配偶之一方无为他方作证的资格。后来指定法废止因利害关系失其资格，一般均认为系在废止不使配偶之一方适于为他方有力之作证，而对于死亡人之指定法，则有时解释为使配偶不适格者，以其为利害关系人之当事人而不适格。②

英国法对证人资格实行严格的限制。直到 19 世纪的早期，英国普通法仍然认为下列人员不具有证人资格：（1）缺少提供可靠证言的智力或精神能力的人，主要是指儿童与精神不健全者；（2）缺少宗教宣誓约束力的人，包括非基督徒和无神论者；（3）与诉讼的结果有利害关系因而可能产生偏见者，包括罪犯、当事人及其配偶等。但是，从 19 世纪后期开始，基于发现案件真实的考虑，英国的证据立法倾向于越来越缩小对证人资格的限制，而扩大了证人的范围。③ 例如，未成年人可以不受年龄限制有证人资格，提供未经宣誓的证言；配偶在特定犯罪和为公

---

① ［美］埃德蒙德·摩根著：《证据法之基本问题》，李学灯译，台湾教育出版社 1982 年版，第 108 页。

② ［美］埃德蒙德·摩根著：《证据法之基本问题》，李学灯译，台湾教育出版社 1982 年版，第 113 页。

③ 齐树洁主编：《英国证据法》，厦门大学出版社 2002 年版，第 223 页。

诉方作证的特定犯罪中，方有作证的义务。其他情形下，配偶有选择权。此外的一些限制情形也多被废除。

关于证人资格，美国《联邦证据规则》第 601 条规定，除本证据规则另有规定外，每个人都有作为证人的资格。[①] 加拿大 1985 年的《证据法》也规定了对证人资格有争议的情形，即证人不足 14 周岁或对其精神状况有争议，法庭应当在准许此人作证之前先行聆讯并决定。如果该证人既不懂得宣誓或郑重陈述的性质也不能正确表达证据内容的，则不得作证。[②]

三、证人证言的质证

大陆法系国家采取职权主义的诉讼模式，在法庭上，调查核实证据、讯问被告人和询问证人是法官的职责，而不是检察官和辩护人的职责。虽然检察官和辩护人经法官同意后，也可以对被告人、证人直接发问，但是这种发问只能作为法官讯问或询问的补充。[③]

英美法系国家采取反询问（也称交叉询问）的制度。反询问的基本程序是：第一，检控方首先对自己提出的证人进行主询问。第二，辩护方对检控方提出的上述证人进行反询问。通过反询问引导出有利于本方的事实，或者揭露证人前后陈述之

---

① 何家弘、张卫平主编：《外国证据法选译》（下卷），人民法院出版社 2000 年版，第 666 页。

② 何家弘、张卫平主编：《外国证据法选译》（下卷），人民法院出版社 2000 年版，第 1247 页。

③ 宋世杰等著：《比较刑事诉讼法学》，中南工业大学出版社，第 57 页。

间存在的矛盾、证人在感知能力等方面存在的缺陷等，对证人的可信性进行弹劾。第三，检控方对自己提出的上述证人再次进行主询问。第四，辩护方进行再次反询问。[①] 交叉询问的一个重要目的就是削弱被盘问证人在陪审员心目中的可靠程度或诚实程度。[②] 诉讼律师在对出庭作证的证人进行交叉询问中使用的质疑技术主要涉及以下六种情况：（1）感觉缺陷；（2）证人的品格；（3）证人的精神状态；（4）证人的重罪前科；（5）该证人以前的自相矛盾的陈述；（6）证人一方的利益或偏见。[③]

美国州宪法确保被告人享有质证的权利，这已经被解释为用成文法的方式确认交叉询问的权利；美国联邦宪法第六修正案保护的质证权同样被解释为保证被告人在刑事诉讼中拥有交叉询问的权利。实际上，美国联邦最高法院多数人倾向于这样一种观点，即质证条款的主要目的就是保障交叉询问的权利。[④] 在1988年以前，美国许多州为了保护未成年证人或性犯罪的被害人，规定这类证人（包括被害人）可以在法庭外作证。证人作证的具体情况通过闭路电视转播到法庭上，法官、被告人以及辩护人通过电视可以看到证人作证时的表情姿态，听到证人

① 王进喜著：《刑事证人证言论》，中国人民公安大学出版社2002年版，第245页。

② ［美］乔恩·R. 华尔兹著：《刑事证据大全》，何家弘等译，中国人民公安大学出版社1993年版，第129页。

③ ［美］乔恩·R. 华尔兹著：《刑事证据大全》，何家弘等译，中国人民公安大学出版社1993年版，第130页。

④ 汤维建等译：《麦考密克论证据》，中国政法大学出版社2004年版，第46页。

作证的声音，并且通过闭路电视对证人进行交叉询问或对质。[①]由于通过这种方式作证，被告人仍能有效地进行交叉询问，因而没有侵犯被告人的交叉询问权；同时，被告人还能在法庭审判时在场，能够目击证人作证，能够直接听到证人作证的证词，因而也没有侵犯被告人目视证人的权利。但在1988年的科伊诉依阿华案中，美国联邦最高法院认定，上述作证方式虽然没有侵犯被告人的交叉询问权，也没有侵犯被告人目视证人的权利，但侵犯了被告人要求证人在作证时目视自己的权利。在科伊诉依阿华案中，证人是两名13岁未成年性犯罪的被害人。按照依阿华州法律的规定，这类证人在作证时，法庭应当在被告人与证人之间设置屏障（Screen），使证人看不见被告，但是被告仍然可以看见证人，并且能够行使交叉询问权。美国联邦最高法院认定这一规定违宪，理由是：被告人有与证人面对面（face－to－face meeting with witness）的基本人权，州法律不分案件的具体情况，一律规定所有性犯罪案件的未成年被害人都可以采用这种方式作证，使证人无法看到被告，这侵犯了被告所享有的要求证人在作证时目视自己的权利，因而是违宪的。美国联邦最高法院进一步指出："如果证人发表其证词时眼看着那个可能由于'歪曲或弄错事实'而受到伤害的人，那么在直诘或盘诘过程中证人就可能有'相当不同的感受'。"[②]

---

① James B. Haddad, The Future of Confrontation Clauses Developments; What Will Emerge When the Supreme Court Synthesizes the Diverse Lines of Confrontation Decisions J. of Crim. L. & Criminology, Vol. 81, 1990, p. 92.

② Coy v. lowa, 487, U. 5. 1012, (1988).

四、证言的可采性规则——传闻证据的排除规则

英国证据法学家麦考密克认为："传闻证据是指在法院之外作出的、在法院之内作为证据使用的陈述，或者是口头的，或者是书面的，用于证明该陈述本身所声明的事件的真实性。"①

为了鼓励证人发挥更大的作用以及避免各种因素可能存在的对证言影响的不确定性，英美法上形成了证人作证一般要具备的三个要件：宣誓、亲自到庭和交叉询问。传闻证据就是用来保证这些理想情形得以实现的，缺少任何一个要件都可能导致当事人对传闻证据提出异议。② 对传闻证据排除的理由被归纳为以下几种：一是未经当事人交互发问，二是并非在裁判官面前陈述，三是有使真实事实发生偏差的危险。③ 由于对传闻证据规则的价值的普遍认同，无论是大陆法系还是英美法系，许多国家的诉讼法纷纷采用。同时，出于诉讼利益的平衡，也规定了例外情形使之更加完善。

此外，在英美法系国家中，侦查中的证言及笔录由于是在庭前作出的，一般视为传闻证据，不予采信。因而，在侦查中，证人对侦查机关作出虚假陈述也不构成伪证罪。在我国台湾地区，由于检察官地位的职权主义色彩，对于侦查的证言笔录持肯定态度。我国台湾地区修正的"刑事诉讼法"第159条之一

① 樊崇义主编：《证据法学》，法律出版社2001年版，第308页。

② 汤维建等译：《麦考密克论证据》，中国政法大学出版社2004年版，第481页。

③ （台）陈朴生著：《刑事证据法》，（我国台湾地区）三民书局1979年版，第278~279页。

第2项规定："被告以外之人于侦查中向检察官所为之陈述，除显有不可信之情况者外，得为证据。"① 这一规定实际上是传闻证据规则的例外之一。

第三节　我国现行法律对伪证罪的界定

根据我国《刑法》第305条的规定，伪证罪是指在刑事诉讼中，证人对与案件有重要关系的情节，故意作虚假证明，意图陷害他人或者隐匿罪证的行为。关于本罪的认定的争议，主要表现为以下三个方面。

一、本罪在客观方面的规定

（一）时空要件——伪证罪必须发生在刑事诉讼过程中，因而在刑事诉讼之前的行为不构成本罪

我国刑法没有对民事诉讼中证人作伪证的相关规定。是否由于在民事诉讼中证人作伪证对刑法所保护的法益的侵害远远小于在刑事诉讼中所造成的后果？刑法对证人伪证的介入所意图保护的法益是什么？是对被证明人的人身权利的保护，还是为了维护司法活动的秩序或司法权威？在我国1979年刑法中，伪证罪规定在"侵犯公民人身权利、民主权利罪"一章中，1997年刑法修订后，将其调整到"妨害社会管理秩序罪"一章中的"妨害司法罪"一节中。这一立法变迁的过程体现了立法

① 王兆鹏、陈运财等著：《传闻法则理论与实践》，元照出版有限公司2004年版，第126页。

者对伪证罪侵害法益的重新认识。就客观要件而言，本罪中意图隐匿罪证的行为未必会涉及对公民权利的侵害，而且，意图陷害他人的行为也是借助妨害诉讼的进行，间接产生对被证明人人身权利侵害的潜在可能性。因此，本罪侵害的主要客体是司法秩序的有效运行，而对于公民人身权利的侵害则是间接和附带结果。

（二）行为要件——故意作虚假证明

伪证行为的中心是虚假陈述。关于“虚假陈述”的意义，有“违反客观真实的客观说”和“违反证人记忆的主观说”之间的对立。①

客观说认为，不论证人是否违反其记忆，陈述内容与客观事实有偏差或不符的，即为虚假陈述。从心理学上看，证人证言的形成过程要经过感知、记忆、陈述等阶段，由于证人自身条件或者客观环境等因素，会导致证人证言出现失真。此时，证人陈述的是自以为真的记忆，并无伪证的故意，因而这种情形是错证而非伪证。

“主观陈述理论则相对地认为‘错误概念’不应只限于本罪所保护之法益，而应同时顾及陈述者在诉讼程序上之‘陈述义务’与‘真实义务’。若陈述者所陈述之内容与其经历或知悉之事有所出入，则虽其陈述内容与客观事实相符，亦为错误之陈述内容，即为虚假之陈述。对于这类违反证人记忆但却符合客观真实的陈述，虽然证人主观上有伪证的意图，但是客观上并

① ［日］大谷实著：《刑法各论》，黎宏译，法律出版社2003年版，第437页。

没有侵害刑法所保护的法益——司法活动的正常秩序，不能认为构成伪证罪。”①

上述两种理论似乎与我国的刑法理论和法文化都不兼容，故虚假陈述应当理解为违反证人的记忆，同时又非客观事实的陈述。

二、伪证罪的主体

在刑事诉讼上，对于证人的范围各国规定不一。广义上的证人，是指除被告人以外的所有诉讼参与人。狭义上的证人，是指除了被告人、被害人以外的其他诉讼参与人。在我国刑事诉讼法中，证人证言是作为区别于被害人陈述的一种证据形式来规定的。因而，被害人不属于证人的范畴。不可否认“然被害人与被告处于绝对相反之立场，其陈述之目的在于使被告受到刑事追诉处罚，故其内容未必完全真实……而其性质，就与一般证人不同，其证明力，自较为薄弱”。② 但是同时，被害人在刑事诉讼中对查明案件事实可以起到一定的证明作用，其陈述属于言词证据，而且在法庭上要接受询问和质证，这些都与狭义上的证人概念相同。因而比较令人费解的是，二者的区分是否有意义，当然，按照罪刑法定原则，我们不可以做这样的解释。就学理而言，广义上的解释似乎更有利于证据规则的统一适用。

---

① （台）林山田著：《刑法特论》，（我国台湾地区）三民书局 1978 年版，第 109 页。

② （台）陈朴生著：《刑事证据法》，（我国台湾地区）三民书局 1979 年版，第 96 ~ 97 页。

三、伪证罪的主观方面

对该罪的罪状可描述为：故意，意图陷害他人或者隐匿罪证。如上所述，设立伪证罪所要保护的法益更侧重于国家的司法秩序。值得争议的是，伪证罪在证人主观上存在故意的情形下，是否需要必须满足陷害他人或者隐匿罪证这一特定动机或目的，否则将不构成犯罪？在证人故意进行伪证行为时，证人客观上实施了对与案件有重要关系的情节，做了虚假陈述的伪证行为；主观上明知进行伪证行为会妨害国家的司法秩序，并故意实施伪证行为，而伪证行为本身对刑法保护的法益——国家正常的司法秩序造成了损害。因而，应该认定伪证罪已经成立。即使此时证人实施行为时没有意图陷害他人或者隐匿罪证的明确动机，而是出于其他个人目的，如发泄对社会的不满或恶作剧等，也不应妨碍本罪的成立。因此，笔者认为，立法对特定目的的限制不尽合理。

伪证可能发生的目的是多样的，立法者不可能穷尽对伪证目的的描述，而是挑选出常态行为来进行归纳。这种经验主义的描述虽然有利于司法对犯罪的一般特征的了解和解释，但其不周延性却无法实现认定犯罪的功能，特别是对于不典型犯罪的认定。总体来说，刑法对该条的规定限定和缩小了刑法本身的处罚范围，这样的效果不知是否有违立法者的原意。

第四节 证人伪证的原因和动机分析研究

证人甘愿冒一定的风险和压力进行伪证行为，致自己处于可能受到国家法律制裁的境地，必定出自一定的原因或动机。任何有理智的人甘愿冒风险为一定的行为，除了感情、风险等不能预测的因素外，大多可以归结为人的自利性。[①] 这种动机对伪证行为的主导性作用不容忽视。证人作伪证的原因和动机各不相同，主要归纳如下：

第一，被迫作证的情形。证人被劝诱或收买，基于图利的动机而作虚假陈述；证人被威胁，基于对自身安全的考虑，不得不作伪证。

第二，证人与案件有利害关系。例如，共同犯罪案件的共犯、未被追诉的共犯，为了保护自己，出庭作有利于被告人的陈述。

第三，证人与当事人有亲属、恩怨、近邻等利害关系。这种情况下，为了使自己的亲友不受制裁，证人往往不顾风险，作有利于被告人的伪证；而当证人与被告人有积怨或不和时，证人出于报复陷害的动机，也会假借司法机关之手以泄心中的仇怨。

第四，证人存有恶意、恻隐之心等感情偏颇。证人与被告人无利益牵连，但出于对被告人行为的憎恶而故意提供不利于被告人的证言；或者证人对被告人的境遇产生同情，作虚假陈述为其开脱。

---

① 何家弘主编：《证人制度研究》，人民法院出版社 2004 年版，第 128 页。

第五节　证人伪证的处罚的完善

一、刑事制裁

我国《刑法》第 305 条对证人作伪证的处罚规定了两个量刑幅度，即在刑事诉讼中，证人对与案件有重要关系的情节，故意作虚假证明，意图陷害他人或者隐匿罪证的，处 3 年以下有期徒刑或者拘役；情节加重的，处 3 年以上 7 年以下有期徒刑。但是，明显区别于其他国家的在于：首先，我国并没有规定构成伪证罪需要以宣誓或具结为前提，使得这一处罚不尽完善。为使我国的保证书制度有实际上的意义，笔者认为，应当将保证书的签署作为伪证罪的构成要件。其次，我国刑事诉讼法也没有规定证人作虚假陈述当庭改正后的责任承担。

二、对伪证罪追究程序

我国刑法虽然规定了伪证罪，但在司法实践中少有因为伪证被追究刑事责任的。在司法实践中，有公诉机关休庭后对证人采取强制措施的现象发生。值得注意的是，第一，对于伪证罪追诉的期限，应当在法庭审理完毕作出生效判决后。否则，在案件尚未评议时，就对证人进行追诉，认为证人在本案作了虚假陈述，似乎是公诉机关代替法院提前对本案证人证言的证明力作出了判断，代行了审判权的职责。第二，追诉的主体。由于案件的公诉人与证人有诉讼利益上的冲突，可能会出现职业报复的现象，证人如果基于这种顾虑，就不可能作出符合自己内心意愿的任意性陈述。解决的方案之一是实行公诉人回避制度。因为与证人有利益冲突，原案件中的公诉人已不适合再接触本案，应当由其他公诉机关进行追诉。解决的方案之二是法官在结案时，如果发现证人有伪证嫌疑，应当通知公诉人并移送有关的文书。不过这两种方案似乎都不大完备。第一种方案中，究竟赋予符合什么条件的追诉机关去追诉，这样的追诉机关是否会有动力和信息资源去发现证人的伪证？这些都是值得商榷的问题。第二种方案中，法官认定证人有伪证嫌疑会不会影响公诉人和以后法院的判断？当然，这里的法官也是需要回避的。这只是一个假设的问题，在司法实践中需要被检验。

第四章 证人拒绝作证相关问题的探讨

我国《刑事诉讼法》第52条第1款规定："人民法院、人民检察院和公安机关有权向有关单位和个人收集、调取证据。有关单位和个人应当如实提供证据。"该法第123条规定："询问证人，应当告知他应当如实地提供证据、证言和有意作伪证或者隐匿罪证要负的法律责任。"该法第187条规定了证人出庭作证的制度，第1款规定："公诉人、当事人或者辩护人、诉讼代理人对证人证言有异议，且该证人证言对案件定罪量刑有重大影响，人民法院认为证人有必要出庭作证的，证人应当出庭作证。"第2款规定："人民警察就其执行职务时目击的犯罪情况作为证人出庭作证，适用前款规定。"第3款规定了鉴定人不出庭作证的后果，即"公诉人、当事人或者辩护人、诉讼代理人对鉴定意见有异议，人民法院认为鉴定人有必要出庭的，鉴定人应当出庭作证。经人民法院通知，鉴定人拒不出庭作证的，鉴定意见不得作为定案的根据"。该法第188条第1款规定，除被告人的配偶、父母、子女可以不被强制出庭作证外，其他证人没有正当理由不出庭作证的，人民法院可以强制其到庭；第2

款规定，对于没有正当理由拒绝出庭的证人，人民法院可以予以训诫，情节严重的，经院长批准，处以10日以下的拘留。

由以上法律可以看出，我国现行刑事诉讼法不承认证人享有拒绝作证权。即使被告人的配偶、父母、子女也仅仅拥有不被强制到庭作证的权利，但并没有规定他们在侦查、审查起诉阶段是否有权拒绝作证。

事实上，在犯罪嫌疑人、被告人都应享有一定之沉默权的今天，为什么证人就不能够享有他们的沉默权——拒绝作证权呢？如果我们的答案要符合生活的逻辑的话，那么就应当在刑事诉讼法中规定证人的拒绝作证权，而不是对之持冷漠态度甚至剥夺证人的拒绝作证权。实际上，我国港、澳、台地区的刑事诉讼立法在这方面更符合逻辑一些，它们不仅规定了犯罪嫌疑人、被告人的沉默权，还规定了可具体操作的证人拒绝作证权。

《澳门刑事诉讼法典》第121条至第124条有关于证人拒绝作证权的详细规定。例如，该法典第121条第1款规定，下列之人得拒绝以证人身份作证言："a）嫌犯之直系血亲卑亲属、直系血亲尊亲属、兄弟姊妹、二亲等内之姻亲、收养人、嫌犯所收养之人及嫌犯之配偶，以及与嫌犯在类似配偶状况下共同生活之人；b）曾为嫌犯之配偶或曾与嫌犯在类似配偶状况下共同生活之人，就婚姻或同居存续期间所发生之事实。"第121条第2款规定："有权限接收该证言之实体，须提醒上款所指之人有权能拒绝作证言，否则所作证言无效。"我国台湾地区现行"刑事诉讼法"对证人的拒绝作证权亦有较为详细的规定，主要有三种情况：一是因身份关系。证人是当事人的近亲属、与当事人订婚的、是当事人的法定代理人。二是因利害关系。案件牵涉到证人或其近亲属的利益。三是因业务关系。证人担任过当事人的律师、医师、药剂师、助产士、公证人等。我国香港地区的刑事诉讼立法也有类似规定。

我国港、澳、台地区的法律实践表明，这种立法更成功一些。因此，笔者认为，在未来的刑事诉讼法修正案中应当在借鉴我国港、澳、台地区成功经验的基础上，详细规定证人的拒绝作证权，以给证人充分的制度保障。

第一节　关于证人拒绝作证行为的形式

一、证人拒证行为的概念、特征

我国《宪法》和《刑事诉讼法》对证人作证有明确规定，即“公民应当履行法律规定的义务”，“凡是知道案件真实情况的人，都有作证的义务。”虽然2012年修订的刑事诉讼法增加了强制证人到庭制度，对应当出庭作证而未出庭的证人，人民法院根据情况可予以训诫、拘留，但这一规定在实践中却未得到有效适用。龙宗智教授在《新刑事诉讼法实施：半年初判》中写道：“从半年实施情况看，刑事诉讼法加强证人出庭制度的立法意图未见明显成效。证人出庭率没有明显变化，强制证人出庭的配套措施基本未用。”可见，在我国，证人拒绝作证的问题仍没有彻底解决。

我国《刑法》对伪证行为有明确规定，第305条规定：“在刑事诉讼中，证人对与案件有重要关系的情节，故意作虚假证明，意图陷害他人或者隐匿罪证的，处三年以下有期徒刑或者拘役；情节严重的，处三年以上七年以下有期徒刑。”尽管拒证行为从广义上也可以理解为是一种消极的隐匿证据的行为，但是法律并没有规定对拒证行为处以刑法惩罚，目前法学界对此也无明确的界定。笔者认为，拒证行为是指在刑事诉讼中，明知案件真实情况的人，在公安司法机关依法向其了解案件情况、收集证据时，无正当理由拒绝提供证言的行为。其法律特征包括以下几个方面：

第一，拒证行为侵犯的客体是国家专门机关的正常诉讼活动和工作秩序。在刑事诉讼中，国家的公安司法机关和部门依法行使侦查权、检察权、审判权，查明刑事犯罪事实、确定犯罪嫌疑人、保障无罪的人不被追究刑事责任。证人拒证行为在客观上严重妨碍了公安司法对犯罪案件的刑事诉讼活动，扰乱了正常的诉讼秩序。拒证行为的结果，可能导致无法查明案件事实，无法追究、惩罚犯罪，也可能使无罪的人被追究刑事责任。

第二，拒证行为的客观方面表现为在刑事诉讼中，无正当理由拒不履行作证义务，在公安司法机关向其了解案件情况、收集证据时拒绝提供证言的行为。拒证行为，首先表现为拒绝向公安司法机关提供证言，其次表现为拒绝提供证言无正当理由。2013 年 1 月 1 日最高人民法院《关于适用〈中华人民共和国刑事诉讼法〉的解释》第 206 条规定了证人可以不出庭作证的条件：“证人具有下列情形之一，无法出庭作证的，人民法院可以准许其不出庭：（一）在庭审期间身患严重疾病或者行动极为不便的；（二）居所远离开庭地点且交通极为不便的；

（三）身处国外短期无法回国的；（四）有其他客观原因，确实无法出庭的。具有前款规定情形的，可以通过视频等方式作证。”笔者认为，除了上述由于不可抗拒或者不能预见的原因导致证人不能作证外，还应规定在特定情况下证人不能作证的情形。例如，涉及国家机密、商业机密以及个人隐私等，这也应当属于“正当理由”。拒证行为是一种消极不作为形式，即负有作证义务且有能力履行义务而不履行这种义务的行为。

第三，拒证行为的主体是知道与案件有关的情况并被依法要求作证的人。首先，拒证行为的主体必须是直接或间接了解案件情况的人，否则就谈不上作证、拒证。其次，拒证行为的主体必须是能够辨别是非、能够正确表达的人。最后，拒证行为的主体必须是公安司法机关依法定程序要求其提供证言的证人。

第四，拒证行为人在主观上有过错，而且只能是故意，不能是过失。也就是说，行为人明知自己的拒证行为会对公安司法机关的正常诉讼活动和秩序造成不良影响，并且希望或者放任这种结果的发生。拒证行为的动机多种多样，但并不影响拒证行为的成立。

二、证人拒证的形式

在侦查阶段，根据《刑事诉讼法》第 122 条第 1 款的规定，侦查人员询问证人，可以到证人所在单位、住处或者证人提出的地点进行，在必要的时候，可以通知证人到人民检察院或者公安机关提供证言。为了方便证人，除有碍侦查或不利于保护证人的特殊情况外，一般应到证人所在单位或者住处进行询问。

由于询问证人的地点不同，证人拒证表现为以下两种形式：

（一）侦查人员到证人所在单位或者住处或证人提出的地点进行询问，证人不作陈述的拒证

证人虽然接受侦查人员的询问，但拒绝承认自己知道案情，不愿将自己所了解的案件事实向侦查人员陈述。

证人公开表明自己不愿陈述的态度在询问时并不多。证人往往以比较婉转的口气或者寻找各种借口否认自己知道案情。证人不作陈述通常表现为：

（1）公开表示不作陈述，并在询问中表现出对立和抵触情绪。

（2）明确表示不愿陈述，但同时说明自己不愿或不敢陈述的理由，如表明自己有顾虑、担心被报复等。

（3）推说自己不在案发现场，不知道案件情况。在侦查人员询问时，证人寻找各种借口否认自己当时在现场，不了解案件的有关情况，这是从根本上否认自己作为证人的资格。

（4）结构感知模糊，借口没有看清或听清。证人虽然不能否认自己曾在案发现场，但却借口当时没有注意、没有看清或听清。或者说自己距离较远，看不清或听不清；或者说自己所处位置不好，视线被挡或声音被挡。

（5）借口无法回忆起来。证人既不能否认自己在现场，也不能否认自己耳闻目睹了案件情况，但却借口回忆不起、已经忘记而不作陈述。

（二）侦查人员通知证人到人民检察院或公安机关提供证言，证人拒不到场的拒证

（1）不说明理由而拒不到场作证。证人在接到侦查人员的

通知后，不说明任何理由而是采取不理不睬的态度，有时甚至外出，以此逃避作证义务。

（2）编造理由拒不到场作证。证人在接到侦查人员的通知后，编造各种理由不到场提供证言，如生病、出差、工作忙等。

三、证人拒证行为的危害性

证人拒证行为的危害性是相当严重的。司法实践中证人拒证的现象比比皆是、广泛存在。由拥有侦查权的国家机关或部门在依法传唤证人或询问证人时，证人拒不到场或拒绝提供证言的现象也屡见不鲜。

（1）证人的拒证行为越来越阻碍侦查活动的正常进行，严重影响了侦查案件的效率和质量，而且妨碍了侦查人员对案件事实的查明和对犯罪嫌疑人的查获。在实践中，一些大案、要案常因为证人拒绝作证而无法查清，成为历史悬案，而这些严重犯罪案件的犯罪嫌疑人却逍遥法外，无法依法惩处。或者犯罪嫌疑人虽被查获，但由于证人拒绝作证而拖延了时间，导致办案效率低下，造成司法资源的大量浪费。同时，有些重大案件因为缺少某些关键人的关键证据，必然产生证据不充分问题，使得司法机关长期不能确定犯罪嫌疑人是否有罪，但又不能轻易撤销案件，只能长期羁押，这严重损害了国家和司法机关的声誉。

（2）从更深一层意义上看，侦查中的证人拒证行为不仅妨碍了国家的司法活动，而且是一种违宪行为，是对国家法律的权威性和严肃性的一种藐视。拒证行为对于提高全民的法律意识以及我国正在进行的依法治国、建设社会主义法治国家的事业，起着消极的阻碍作用。

在审查起诉阶段和审判阶段也同样存在证人拒证的情形，而且在审判阶段更多表现为拒绝出庭作证。其拒证的具体问题与侦查阶段基本相似，在此不再赘述。

第二节　证人拒绝作证原因分析

考查、分析证人拒绝作证的原因，可以从国家法律制度方面和证人自身因素方面入手。

一、证人拒绝作证的外在原因

证人拒绝作证的原因很复杂，关键的原因在于我国的法律制度尚不完善，还有诸多的缺陷。具体而言，有以下几点：

（一）现行相关法律在立法上存在漏洞，对证人拒绝作证行为缺乏健全的处罚规定

刑事诉讼法中虽然规定了在一定条件下可以强制证人出庭作证，但仅限于审判阶段，在侦查阶段，当侦查人员询问证人、要求其提供证言遭到拒绝时，往往束手无策，因为现行的相关法律如《刑事诉讼法》、《刑法》中对此并无明确规定。由此可以看出，一些证人之所以拒绝作证，非常重要的一个原因就是现行法律对拒绝作证的证人所应承担的相应的法律责任并没有明确的规定。根据法理，法律规范的逻辑构成包括以下三部分：

（1）假定，即对行为发生时的时间、空间、条件等各种事实状态的预设。

（2）行为模式，即权利和义务的规定。

（3）法律后果，包括否定式法律后果和肯定式法律后果两种。

这三个部分相互构成一个严密的逻辑结构，每一个部分都不可或缺，缺少其中任何一部分，都不能算作有效的法律规范。其中的法律后果，尤其是否定式法律后果是指违反法律规定而应承受的某种不利后果，即法律责任，是以国家强制力来保证实施的，而这种强制力的最严厉的体现就是刑法，它是保证法律规范得以实现的基本手段。法律规范的约束力就在于必须遵守它，否则就必须承担因此而产生的不利后果。如果法律规范的逻辑构成中缺少法律后果的部分，即法律仅仅规定了人们应该为或不为某种行为，而没有相应规定违反它所要承担的法律责任和可能受到的法律制裁，那么，这样的法律规范就不是有效的，至少是不严密的。它所赖以保证实施的国家强制力也无从实施，法律无异于一张白纸。

侦查中的证人拒证行为在目前我国现行法律中正是处在这样一种尴尬局面。我国《刑事诉讼法》第 60 条对证人作证行为有明确规定，即“凡是知道案件情况的人，都有作证的义务”；第 52 条也规定“有关单位和个人应当如实提供证据”。另外，在第 123 条中也规定了侦查人员询问证人应当告知他应当如实地提供证据、证言和有意作伪证或者隐匿罪证要负的法律责任，并且《刑法》第 305 条明确规定了伪证罪，即在刑事诉讼中，证人对案件有重要关系的情节，故意作虚假证明意图陷害他人或者隐匿罪证的，应视情节轻重处拘役至 7 年以下有期徒刑。但是，令人遗憾的是，对于没有履行或者拒绝履行作证义务的行为在法律上并没有明确的规定，只是在《刑法》第 311 条规定了，“明知他人有间谍犯罪行为，在国家安全机关向其调查有关情况、收集有关证据时，拒绝提供，情节严重的，处三年以下有期徒刑、拘役或者管制”。该条款虽然规定了对拒证行为的处罚，但也仅限于“拒绝提供间谍犯罪证据罪”一罪之中。因此，目前现行法律对证人拒证行为缺乏实际的约束力，法律规定也无法落到实处。在实际侦查活动中，面对侦查人员的询问，有的证人正是利用立法上的漏洞，有恃无恐，拒不提供证言；而有的证人则是出于顾虑，在没有必须承担拒绝作证的法律责任的压力情况下，权衡利弊，选择了保持沉默，不愿作证。对此，侦查人员、有侦查权的国家机关和部门只能望而生叹、无可奈何，无法利用法律规定来予以处理。

在审判阶段，证人拒绝出庭作证的现象极为普遍，证人不出庭已经成为司法实践中的一大难题。虽然对2012年刑事诉讼法进行了修改，增加了第187条出庭作证制度和第188条强制出庭作证制度，证人在经法院通知无正当理由拒不出庭时，法院有权强制证人到庭，甚至可予以训诫、拘留，但这一规定在现实生活中的运用效果却大打折扣。虽然《刑法》第305条规定了伪证罪，但证人不出庭不会受到处罚，出庭作证反而可能因为作伪证受到刑罚处罚。

（二）现行立法规定的证人权利和义务不平衡

中华文明源远流长，中华法系曾经在历史上达到了相当高的文明程度，传统的法律文化给我们后人留下了大量珍贵的、有价值的精华，但不可否认的是，同时也积淀了一些封建主义的糟粕。在证人作证问题上，由于长达两千多年的封建社会的传统的司法擅断，致使证人的合法权益得不到应有的尊重和保护。在中国古代刑事案件的侦查和审理过程中，盛行拷讯制，不单拷讯犯罪嫌疑人或被告，有时为了获取口供或者求得证言的真实性，连证人也难以幸免。例如，《唐律·斗讼》规定："诸诬告人流罪以下……若前人已拷者不减，即拷证人亦是。"封建法律和传统法律文化对证人权利的漠视甚至是践踏，对于我们今天的立法、司法等各方面不能说没有影响。

《刑事诉讼法》第123条规定，询问证人，应当告知他应当如实地提供证据、证言和有意作伪证或者隐匿罪证要负的法律责任。第60条第1款规定，凡是知道案件情况的人，都有作证的义务。第52条第1款规定，有关单位和个人应当如实提供证据。另外，《刑法》第305条规定了伪证罪，第311条规定了拒绝提供间谍犯罪证据罪。对证人规定上述法律责任，目的就是获取证人证言。但是，刑事诉讼法中并没有规定侦查人员在询问证人时应当告知他享有哪些权利以及将受到怎样的法律保护。而事实上，现行法律本身规定的证人的义务多、权利少，权利与义务是不平衡的。从表面上看，这是一种立法技术上的不完善，而实质上，则是中国传统的封建法律文化对于证人的态度上的不良影响，即只是将证人视为义务主体，而没有将其看成应首先给予尊重的权利主体。这也正是我国刑事诉讼中证人不愿作证、拒绝提供证言的根本原因。

（三）司法实践中对证人权利重视不足

应该承认的是，我国的现行法律对证人权利的重视尽管不尽如人意，但对证人权利的相关规定并非空白。我国《刑事诉讼法》虽然对证人权利没有明确具体的规定，但从有关的条文中仍然能够归纳出以下几项：

第一，证人有使用本民族语言文字作证的权利。《刑事诉讼法》第 9 条第 1 款规定：“各民族公民都有用本民族语言文字进行诉讼的权利。人民法院、人民检察院和公安机关对于不通晓当地通用的语言文字的诉讼参与人，应当为他们翻译。”

第二，证人有客观充分地提供证据的权利。《刑事诉讼法》第 50 条规定：“……必须保证一切与案件有关或者了解案情的公民，有客观充分地提供证据的条件，除特殊情况外，可以吸收他们协助调查。”

第三，证人在接受询问时有要求侦查人员出示证明文件的权利。《刑事诉讼法》第 122 条第 1 款规定：“侦查人员询问证人……应当出示人民检察院或者公安机关的证明文件。”

第四，证人有核对自己询问笔录的权利。《刑事诉讼法》第 120 条规定：“讯问笔录应当交犯罪嫌疑人核对，对于没有阅读能力的，应当向他宣读……”第 124 条规定：“本法第一百二十条的规定，也适用于询问证人。”

第五，证人有要求对其及其近亲属的安全提供保护的权利。《刑事诉讼法》第 61 条规定：“人民法院、人民检察院和公安机关应当保障证人及其近亲属的安全。对证人及其近亲属进行威胁、侮辱、殴打或者打击报复，构成犯罪的，依法追究刑事责任；尚不够刑事处罚的，依法给予治安管理处罚。”第 62 条规定了在危害国家安全犯罪、恐怖活动犯罪、黑社会性质的组织犯罪、毒品犯罪等案件中的证人及其家属的保护措施。

虽然在现行法律中有对证人权利的上述规定，但不可否认的是，有些规定过于原则、抽象，缺乏可操作性，而且与证人义务相比，二者远远无法达到平衡。在刑事诉讼活动实践中，公安司法机关对证人权利重视不够，还不能从法治国家权力保护的高度来认识证人权利问题。一些公安司法人员尤其是侦查人员由于各方面的原因，对于证人权利的法律意识仍然比较淡薄，还将证人仅仅作为提供证言、帮助公安司法机关侦破案件，对案件作出最终处理的工具来对待，没有将证人作为独立的权利主体而给予尊重和保护。

其具体表现在诉讼活动中对待证人问题上存在着不文明办案的现象。有的公安司法人员不尊重证人的合法权益和正当要求；有的公安司法人员性情急躁，对待证人缺乏耐心，态度粗暴、野蛮。有时甚至还存在着违法办案的情况，即采用非法手段获取证人证言的情况，尤其是在侦查阶段，体现得更为明显。在实践中，侦查人员为侦破案件而羁押证人、暴力逼证和采用威胁、引诱、欺骗等非法方法取证的现象并非鲜见。尽管我国《刑法》第247条规定了暴力取证罪（司法工作人员使用暴力逼取证人证言的，处3年以下有期徒刑或者拘役。致人伤残、死亡的，依照刑法关于故意伤害罪、故意杀人罪的规定定罪从重处罚，其法定最高刑为死刑），《人民检察院刑事诉讼规则（试行）》也明确规定了对证人权利保护的内容（人民检察院应当保证一切与案件有关或者了解案情的公民，有客观地充分地提供证据的条件，并为他们保守秘密。不得采用羁押、刑讯、威胁、引诱、欺骗以及其他非法方法获取证言），但是，实践中非法获取证言的现象却时有发生。这些漠视证人合法权益甚至践踏国家法律的现象，正是说明了侦查活动中证人的权利和义务存在着严重的扭曲和失衡。这也是导致证人产生厌烦、抵触甚至敌视情绪而拒绝提供证言的一个重要原因。

（四）现行法律对证人的安全保护规定不健全

我国现行法律中对证人保护的规定有以下几项：

第一，《刑事诉讼法》第 61 条规定：“人民法院、人民检察院和公安机关应当保障证人及其近亲属的安全。对证人及其近亲属进行威胁、侮辱、殴打或者打击报复，构成犯罪的，依法追究刑事责任；尚不够刑事处罚的，依法给予治安管理处罚。”

第二，《刑事诉讼法》第 62 条规定：“对于危害国家安全犯罪、恐怖活动犯罪、黑社会性质的组织犯罪、毒品犯罪等案件，证人、鉴定人、被害人因在诉讼中作证，本人或者其近亲属的人身安全面临危险的，人民法院、人民检察院和公安机关应当采取以下一项或者多项保护措施：（一）不公开真实姓名、住址和工作单位等个人信息；（二）采取不暴露外貌、真实声音等出庭作证措施；（三）禁止特定的人员接触证人、鉴定人、被害人及其近亲属；（四）对人身和住宅采取专门性保护措施；（五）其他必要的保护措施。证人、鉴定人、被害人认为因在诉讼中作证，本人或者其近亲属的人身安全面临危险的，可以向人民法院、人民检察院、公安机关请求予以保护。人民法院、人民检察院、公安机关依法采取保护措施，有关单位和个人应当配合。”

第三，《刑法》第 307 条第 1 款规定：“以暴力、威胁、贿买等方法阻止证人作证或者指使他人作伪证的，处三年以下有期徒刑或者拘役；情节严重的，处三年以上七年以下有期徒刑。”

第四，《刑法》第 308 条规定：“对证人进行打击报复的，处三年以下有期徒刑或者拘役；情节严重的，处三年以上七年以下有期徒刑。”

第五，《治安管理处罚法》第20条规定，如属“对报案人、控告人、举报人、证人打击报复的”，违反治安管理的，从重处罚。

第六，《人民检察院刑事诉讼规则（试行）》第203条第2款规定：“人民检察院应当保证一切与案件有关或者了解案情的公民，有客观地充分地提供证据的条件，并为他们保守秘密。除特殊情况外，人民检察院可以吸收证人协助调查。”第76条第5款规定：“对证人及其近亲属进行威胁、侮辱、殴打或者打击报复，构成犯罪或者应当给予治安管理处罚的，人民检察院应当移送公安机关处理；情节轻微的，予以批评教育、训诫。”

从上述法律规定的条文来看，我国法律似乎对证人提供了足够的保护，而实际上，我国的证人安全保障机制是不健全、不完善的，具体表现为以下两点：

其一，刑事诉讼法虽然规定了对证人及其近亲属在危害国家安全犯罪、恐怖活动犯罪、黑社会性质的组织犯罪、毒品犯罪等案件中提供具体多项的保护措施，但其中仍存在着一些不足。首先，《刑事诉讼法》第62条仅规定对这几类发案率并不是太高的案件中的证人提供保护，对其他案件中的证人是否也提供相应的保护无法律依据。其次，《刑事诉讼法》第62条也仅规定证人的人身安全受到危险时才提供保护，但犯罪分子对证人及其近亲属的打击报复不一定仅限于人身方面。再次，该条款并没有规定保护的期限，在诉讼过程中时刻保护证人及其近亲属这毋庸置疑，但案件审结之后证人及其近亲属的保护问题没有予以明确的交代。最后，规定的保护机关是公安机关、人民法院、人民检察院，三者择一之后始终提供保护还是各个根据诉讼进程分阶段分别提供保护？这里缺少一个确定的专门保护机关。

其二，刑事诉讼法虽然规定了对威胁、侮辱、殴打或者打击报复证人的行为人的制裁，但这仅是事后的处罚，缺乏或根本没有对证人的预防性事先保护，以致证人得不到实质性的安全保障。即便如此，有些措施的规定还存在着不协调之处，如《刑事诉讼法》规定，“对证人及其近亲属进行威胁、侮辱、殴打或者打击报复的，构成犯罪的，依法追究刑事责任”，而刑法第308条则只将保护对象限于证人，对证人的近亲属的刑事保护在刑法中失去了法律依据。

侦查机关往往注重证人应当履行的义务却忽视对证人及其亲属安全的保护。在查处打击报复证人犯罪方面，由于效率低下，一些包括证人受害在内的案件久拖不决，致使证人的权利不能得到及时、公正的法律保障。因此，对于广大公民而言，尚未感到在依法作证的背后有国家法律后盾的有力支持，在此情况下，在面临打击报复的危险，又得不到必要的保护，同时还不必承担拒绝作证的法律责任时，证人们往往会自始至终地保持沉默，不愿或不敢向侦查机关和侦查人员提供线索和证言。

（五）现行法律中缺乏对证人财产性权利保护的规定

我国现行法律更注重对证人的人身安全以及名誉权的保护。《刑事诉讼法》第61条明确规定了“人民法院、人民检察院和公安机关应当保障证人及其近亲属的安全。对证人及其近亲属进行威胁、侮辱、殴打或者打击报复，构成犯罪的，依法追究刑事责任；尚不够刑事处罚的，依法给予治安管理处罚”，第62

条的规定也只是在证人及其近亲属的人身安全面临危险时，人民法院、人民检察院、公安机关才提供保护措施，而忽视了对证人财产性权利的保护。

诉讼中证人因作证而受到的经济上的损失，一般包括两部分：一是因履行作证义务而支出的费用，包括交通费、住宿费、餐费等。二是因向公安司法机关提供证言遭到打击报复，或者协助公安司法机关调查导致证人及其近亲属受到人身伤害或财产损失甚至死亡而支出的费用，包括误工费、生活补助费、医疗费、护理费、丧葬费、抚恤金等。《刑事诉讼法》第63条第1款规定了证人作证应当给予补助，因履行作证义务而支出的交通、住宿、就餐等费用，列入司法机关业务经费，由同级政府财政予以保障。但对因作证遭到打击报复的财产损失的补偿，没有相关的法律规定。

法律规定证人有向公安司法机关提供证言的义务，但是对证人因履行作证义务而产生或可能产生的损失或损害，法律并没有相应的经济补偿和社会保障的规定，这使得证人的权利与义务得不到统一，严重影响了证人作证的积极性。同时，也不利于弘扬社会正气和社会主义精神文明建设。

（六）对证人出庭作证问题的法律规定存在矛盾

《刑事诉讼法》第59条规定："证人证言必须在法庭上经过公诉人、被害人和被告人、辩护人双方质证并且查实以后，才能作为定案的根据。法庭查明证人有意作伪证或者隐匿罪证的时候，应当依法处理。"第187条规定了证人应当出庭作证的条件，并且在第188条赋予了人民法院强制证人出庭的措施。但对应当出庭而没有出庭的鉴定人所作的鉴定意见明确规定予以排除，对应当出庭而没有出庭的证人证言却没有规定排除。第190条却规定："公诉人、辩护人应当向法庭出示物证，让当事人辨认，对未到庭的证人的证言笔录、鉴定人的鉴定意见、勘验笔录和其他作为证据的文书，应当当庭宣读……"前者规定应当出庭作证，后者又规定可以宣读未到庭的证人证言。由此可见，我们国家在根本上并没有排除证人书面证言的证明力。

此外，最高人民法院《关于适用〈中华人民共和国刑事诉讼法〉的解释》第206条规定："证人具有下列情形之一，无法出庭作证的，人民法院可以准许其不出庭：（一）在庭审期间身患严重疾病或者行动极为不便的；（二）居所远离开庭地点且交通极为不便的；（三）身处国外短期无法回国的；（四）有其他客观原因，确实无法出庭的。具有前款规定情形的，可以通过视频等方式作证。"似乎此处的规定也有问题，视频作证需要资金、技术的支持，先不论证人是否具有这个条件，单是我国的大多数法院就达不到这样的标准。

二、证人拒绝作证的内在原因

（一）传统法律文化对证人拒证行为的影响

所谓法律文化，泛指一定国家、地区或民族的全部法律活动的产物和结晶，既包括法律意识，也包括法律制度、法律实践，是法的制定、法的实施、法律教育和法学研究等活动中所积累起来的经验、智慧和知识，是人们从事各种法律活动的行为模式、传统、习惯。简单地说，法律文化是渗透到人们的法律生活当中的思想传统、思维模式，是人们从事法律活动过程中长期形成的“定式”，是一种习惯和行为模式。①

中国长达几千年的封建社会，形成了中国的传统法律，尽管其中不乏闪光的精华，如“王子犯法与庶民同罪”“徒法不足以自行”等，但不容否认的是，中国传统法律文化中的一些糟粕至今仍然潜在地影响着人们的思想和行为，例如，封建统治阶级一贯奉行的“德主刑辅、明刑弼教”的以人治为本的统治思想，封建法律强调的“亲亲相隐不为罪”的礼教原则。中国传统法律文化中鼓吹皇权至上、等级特权、宗法制度、“三纲五常”，以及轻视法律的作用，宣扬“人情大于王法”的思想等，均是其中的糟粕。这些传统法律文化中的消极因素至今仍遗留在人们的思想观念中，支配着一些人无视国家的法律，拒绝作证。另外，公民普遍存在的“厌讼”“拒讼”“仇讼”等心理，也是我国传统法律文化积淀下来的，在一些人心中根深蒂固。这也是证人不愿作证、拒绝提供证言的一个重要原因。

（二）公民法律意识淡薄，法制观念不强

所谓法律意识，指人们关于法律现象的思想、观念、知识和心理的总称，是社会意识的一种特殊形式。② 社会法律意识往往是一个国家法制状况的总的反映。一个国家法制状况如何直接决定了社会法律意识的水平。

由于历史的原因，我国的法律尚不完善，社会法律意识的水平较低，公民的法制观念薄弱，不重视法律的作用。在社会

---

① 沈宗灵主编：《法理学》，高等教育出版社 1994 年版，第 245 ~ 246 页。

② 沈宗灵主编：《法理学》，高等教育出版社 1994 年版，第 234 页。

生活的许多领域，不依法或者不能自觉地依法办事的现象仍然相当普遍。

新中国成立后相当长的一段时间内，国家由于法律虚无主义的干扰，没能够很好地贯彻法治精神，也就没有制定出系统的基本法律，如刑法、刑事诉讼法等，一直以政策来代替法律发挥作用。而在“文化大革命”期间，甚至连本来不完善的法制也被破坏殆尽。这使公众形成了轻视法律作用的心理，认为法律可有可无、可守可不守。

近年来，国家逐渐加强了对法制建设的重视，提出“依法治国，建设社会主义法治国家”的宏伟目标，制定了一系列法律、法规。但是，由于传统的封建法律文化的不良影响在社会中仍然存在，而且普法教育是一个系统工程，全社会的法律意识水平的提高和法制观念的增强不是一朝一夕就能够完成的。所以，许多公民对于公民作证义务并不清楚，而对拒证行为的违法性就更是知之甚微，拒证行为便由此而产生。总之，从证人的法律意识来看，不了解法律或者虽了解法律但不重视法律，是导致证人拒证的重要原因。

（三）心理因素的影响是产生证人拒证行为的内在原因

证人拒绝作证有着前述的种种原因，但也有证人自身心理因素的影响，即拒绝作证的动机。根据心理学知识，所谓动机是指引起和推动人去从事某种活动以达到一定目的、满足一定需要的内心起因，是个人行为的直接动力。这种支配着本意感知案件情况的证人拒绝作证的内心起因，就是证人拒证的动机。在实践中，证人拒绝作证的动机主要有以下几种：

（1）安全需要。有的证人认为自己关于案情的陈述可能有利于被害人，怕引起犯罪嫌疑人、被告人及其亲友的纠缠和打击报复；有的证人则感到自己的证言有利于犯罪嫌疑人、被告人，怕得罪被害人，引起被害人及其亲友的憎恨；有的证人因案件严重，民愤较大，但他感知的案件事实有利于犯罪嫌疑人、被告人，怕自己出面作证而招致公众对自己的愤恨，被不明真相的社会舆论指责为“包庇坏人”，而为犯罪嫌疑人、被告人开脱罪责；还有的证人本身对案件处理的结果有法律上的利害关系，为了保护自己，而拒绝作证。以上情况，均是证人为了自身的安全需要而拒绝作证。

（2）庇护。证人同犯罪嫌疑人、被告人系近亲属或朋友，他们之间存在着各种各样的利害关系，出于本能的庇护心理而拒绝作证。特别是犯罪嫌疑人、被告人的近亲属，既害怕作伪证会受到法律追究，又害怕自己的证言对犯罪嫌疑人、被告人不利，使其受到刑事处罚，为了避免这种心理矛盾，常常以不知情为借口拒绝作证。

（3）恻隐之心。一些刑事案件中，犯罪嫌疑人、被告人之前一贯表现较好，业务能力较强，人缘不错，犯罪是出于义愤、一念之差或是迫不得已等，证人因而对犯罪嫌疑人、被告人持同情态度，不忍心看到犯罪嫌疑人、被告人受到刑事处罚，而拒绝作证。有的犯罪嫌疑人、被告人家庭情况特殊、经济困难等，证人不加分析地同情犯罪嫌疑人、被告人，不能正确对待自己作证的意义，怕由于自己作证而使犯罪嫌疑人、被告人受到处罚，使其家庭遭受不幸，而拒绝作证。

（4）避免麻烦。有的证人同案件无利害关系，也知道作为证人有作证的义务，但是由于缺乏社会责任感，认为一旦出面作证，就会招致公安司法人员的谈话、核实或书写证明材料等，增添许多麻烦，耗费时间，耽误工作、生产，影响收入，于是“只扫门前雪，不管他人瓦上霜”，抱着“多一事不如少一事”的心理，而拒绝作证。

（5）羞耻感。在一些性犯罪尤其是强奸、流氓亵渎等案件中，有的证人（特别是年轻女性）对感知的案件情况觉得难以启齿，也害怕因作证导致自身的名誉受到影响，出于羞耻感而拒绝作证。

（6）报复。证人与犯罪嫌疑人、被告人或被害人之间存在着直接或间接的利害冲突，如证人与犯罪嫌疑人、被告人或被害人曾经发生过矛盾，结下私仇，利用拒绝作证的机会来发泄私愤，进行报复。另外，证人与犯罪嫌疑人、被告人或被害人有利益上的冲突，出于妒忌、报复等心理，而拒绝作证。

（7）虚荣心。有的证人因为自己所处的环境及受不正确的价值观的支配，认为作证可能有失身份、名誉，不利于自己的威信，而拒绝作证。有的证人怕他人误认为被公安司法机关询问过的人多少都有问题，为避免嫌疑而拒绝作证。

（8）报恩。有的证人曾经受到过犯罪嫌疑人、被告人的恩惠，担心自己不利于犯罪嫌疑人、被告人的证言会致使其受到惩罚或受到较重的处罚，怕别人会谴责自己“知恩不报是小人”，有违自己的良心和做人原则，为了报恩而拒绝作证。

（9）贪利。证人由于贪图私利，经不起利诱，被犯罪嫌疑人、被告人或被害人及其亲属收买，以不作证作为交易。有的证人因注意到犯罪嫌疑人、被告人或其亲属是于己有利的人，为献媚讨好而拒绝作证。也有的证人为日后向犯罪嫌疑人、被告人和被害人及其亲属勒索财物，明知案件情况但也不作证。

（10）担心。证人在耳闻目睹犯罪事实后未及时报案，在公安司法机关对他进行询问，要求其陈述案件情况时，他担心可能会被追究知情不举的责任，或受到处罚，于是借口不在现场或未看见而拒绝作证。案件越严重，此类证人就会越担心。

（11）信仰。有的证人笃信某种宗教，对宗教的劝人行善的信念奉若神明，认为自己作证将使犯罪嫌疑人遭到刑法的苦难，使其家庭遭受不幸，与他的宗教信仰相悖逆，而拒绝作证。有的证人信奉儒家、道教或佛家学说中的“害人之心不可有”，而拒绝作证。

（12）抵触。有的证人对公安司法机关的工作缺乏了解，甚至存在着误解，因而对公安司法机关抱有对立情绪。或者对询问人员的询问态度、询问方式感到反感，或者公安司法人员在询问过程中的某些话语有损证人的自尊心，证人都可能产生抵触对立情绪而拒绝作证。

（13）畏惧。有的证人由于受到来自犯罪嫌疑人或被害人及其亲属的威胁，产生了畏惧感，不敢向公安司法人员提供所了解的案件情况的证言，为明哲保身而拒绝作证。

第五章 刑事诉讼中证人证言相关制度的立法建议

对证人证言的失真问题、伪证问题、拒绝作证问题的纠正，除了在司法实践中加以注意并采取适当的方法进行解决以外，最重要的还是从立法方面加以改进，以期取得根本性的改变。

第一节 构建刑事诉讼中证人证言相关制度的价值基础

一、程序公正与实体公正

司法公正包括程序公正（过程公正）和实体公正（结果公正）两大方面的内容。

（一）程序公正

程序公正在普通法系中称为正当程序，其形式表现为合法性，其实质内容的核心为尊重和维护人权。程序公正的最基本要求是，与诉讼结果有利害关系或者因该结果而蒙受不利影响的人，都有机会参与到诉讼中，并得到提出有利于自己的主张和证据以及反驳对方提出的主张和证据的机会。

刑事诉讼的进行以限制、剥夺刑事被告人的特定权利为条件和目的。犯罪嫌疑人、被告人处于被追诉者的地位，国家追诉机关发动刑事诉讼的直接目的即在于通过对犯罪嫌疑人、被告人的追诉，使那些在法律上构成犯罪的人被定罪判刑，剥夺其财产、自由乃至生命。因此，他们面临着被定罪的现实危险，与案件结果有着直接的利害关系。为了实现程序正义，在刑事诉讼中必须赋予犯罪嫌疑人、被告人提出有利于己的主张和证据以及反驳对方主张和证据的机会。不仅如此，这种机会还必须是实质性的，否则犯罪嫌疑人、被告人对诉讼的参与便不具有任何实质的意义。其中一个非常重要的权利就是对证人的质证权利。

证人出庭作证的程序公正价值集中体现在其对控辩双方尤其是辩护方的对质权的保障。被告人的对质权和被告人对控方证人的质证权是建立传闻规则、要求证人出庭作证的立法理由之一。

根据美国宪法第六修正案，对质权被认为在位阶上属于被告人的宪法性权利。它规定："在一切刑事诉讼中，被告有权同原告证人对质。"除此之外，几乎所有州的宪法也都作了类似的规定。行使对质权的目的之一就是使被告人对证人有质问的机会，实现其充分参与诉讼的权利。对被告人对质权的保障实际上也体现了对被告人的人权保障。

此外，要求警察出庭作证，也是保障被告人对质权的需要。

在刑事诉讼中，除了应当保护犯罪嫌疑人、被告人的人权外，还应当保护其他当事人、诉讼参与人的人权，应当也包括保护证人的人权。例如，任何人不得被强迫自证其罪的权利，也应当适用于证人，该权利是在一些国际公约以及很多国家的法律中都明确规定的一项基本的人权，任何人都享有拒绝提供可以导致自己被指控犯罪或者被定罪的任何证据，包括证言。此外，对证人相关基本权利的保护也是基于保护证人人权的考虑。

（二）实体公正

自人类有了诉讼制度以后，发现真实便是诉讼制度的恒久话题，发现真实作为刑事审判或诉讼努力实现的价值之一，可以说具有超越法体系或法文化的普遍意义。大陆法系国家，对刑事诉讼中的真实存在着形式真实说与实体真实说两种对立的学说。形式真实说认为，刑事诉讼作为裁判依据的事实须由当事人在诉讼中提出，当事人未主张的事实，法院不得将其作为裁判的基础；当事人之间无争执的事实（指诉讼上自认的事实），法院不必进行调查，而应当将其作为裁判的依据；对当事人之间有争议的事实，虽然可以通过证据来查明，但该证据须是当事人提出的证据，法院原则上不得自行依职权调查收集证据。实体真实说则认为，将诉讼中的真实定位于形式真实，是与刑事诉讼的本质相违背的。国家禁止私力救济后，就负担起通过审判保护合法权益的职责，而法院只有查明诉讼前实际发生的案件事实，才能对案件事实作出正确的判断，才能够实现案件公正。查明案件的客观真实虽然具有一定的理想成分，但放弃这一理想，就会动摇民众对司法的信赖，丧失法院的威信，甚至导致整个裁判制度的自我崩溃。发现真实是诉讼制度的基本理念。人民对法院寄予的最大希望，就是准确地对事实作出认定。笔者赞成实体真实说。

证人出庭作证无论在英美法系还是大陆法系都是法律明确要求的，其中一个重要原因就是证人出庭作证有利于实施裁判者发现案件的事实，实现实体公正。

侦查人员对证人进行询问，如果能够获得真实可靠的证言，对于发现案件事实、正确认定案件事实并正确定罪有着重大意义。在审判阶段，证人出庭作证，通过在法庭上对证人进行交叉询问，或者由法官在法庭上亲自对证人进行询问，都有利于发现案件事实、正确认定案件事实以及惩罚犯罪、保障无辜。

二、效率

诉讼效率是指诉讼中所投入的司法资源（包括人力、财力、设备等）与所取得的成果的比例。讲求诉讼效率要求投入的司法资源取得尽可能多的诉讼成果，即降低诉讼成本，提高工作效率。在诉讼中，效率表现为时间效率和资源效率两个方面。时间效率是指单位时间内处理案件的数量，两者成正比。单位时间内处理案件的数量越多，效率就越高。反之，则是效率低下。西方谚语“迟来的正义是非正义”正有此意。资源效率是指处理单个刑事案件所需的诉讼资源，两者成反比。处理个案所需资源越多，效率越低；处理个案所需资源越少，效率越高。

对证人证言相关制度的设计不仅要考虑到司法公正，还应当考虑到效率价值，尽量在公正与效率之间找到一种平衡，但是如果二者之间发生冲突，应当根据“公正优先、兼顾效率”的原则权衡决定。就刑事诉讼价值而言，效率的位阶低于公正，公正是刑事诉讼的生命，不能以牺牲公正换取效率，但是也不能不惜任何代价，没有任何节制地追求公正。如果证人出庭作证，在审判中就要运用交叉询问对证人进行质询。鉴于交叉询问是一项对诉讼技巧要求很高的制度，其技术性以及各种复杂的询问规则决定了当事人通常需要律师等专业人士作为代表，通过进行交叉询问对证据进行详细的调查。从客观上说，这样的做法使得诉讼双方所投入的资源成本大量增加。

正是基于效率的考虑，原则上要求证人应当出庭作证，但也应规定例外情况下可以不出庭，其目的是减轻当事人的负担，缩短诉讼的时间，以便迅速解决纠纷，或者是基于某种社会价值取向。

当今世界，社会价值日益多元化，各国、各地区都面临刑事案件发案率大量增加而司法资源相对匮乏的情况，因而在证据制度的设计上越来越注重提高诉讼效率。证据制度中的改革，如英国修改了传统的传闻证据规则；我国台湾地区明确规定检察官的询问笔录除明显有不可信的情况外，可以作为证据。这种对诉讼效率的追求尽管在一定程度上损害了程序公正，但是并没有违背程序公正的最低标准。

三、公共利益价值

在刑事诉讼的价值中，公正与效率是其主要内容，除此之外，在刑事诉讼的一些制度设计中，也有其他的价值基础，如公共利益。规定证人拒绝作证的特权实际上就是基于公共利益价值的考虑。有美国学者认为，在特定的人与人之间的关系问题上，人们有不被政府干扰的权利。无论承认这些特权会给审判程序造成多大的障碍，这是普通法的历史选择，显然也是欧洲法的选择并且被整个西方社会普遍接受。为了保护特定的交谈关系——夫妻之间、当事人与律师之间以及忏悔者和神职人员之间——这个代价并不是特别大。[①]

我国传统的理论对证人拒绝作证权的评价一般倾向于否定，如认为“关于公务秘密、神职人员的职业秘密等可以拒绝作证的规定，无疑是为了维护资产阶级的统治”。[②] 有的学者认为，证人拒证权“是封建法律‘亲亲相隐’原则的继续，并不符合现代诉讼精神”。[③] 至于我国是否应当确立证人拒绝作证权，较早提出的是关于辩护律师的拒绝作证权，多数观点主张辩护律师基于职业秘密应当享有证人拒绝作证权。近年来的证据学研究中，越来越多的学者明确提出，我国应当确立证人拒绝作证权。

在立法中规定配偶、近亲属相互间的证人拒绝作证权和基于职业秘密的证人拒绝作证权是为了维护特定的社会关系，如婚姻特权维护的是配偶间的信赖关系，基于职业秘密的证人拒绝作证权维护的是特定职业者与其服务对象间的信赖关系，而这些信赖关系对于整个社会的正常运转是至关重要的。如果让配偶的一方证实另一方的犯罪，让律师证实委托人的犯罪，让牧师证明忏悔者的犯罪，那么夫妻之间就不可能相互信任，委托人就不会如实向律师陈述案情，宗教的教化作用就会减小或

① Waltz, J. R. and Park, R. C. , Evidence – Cases and Materials, Ninth Edition, University Casebook Series, New York Foundation Press, 1999, pp. 553 – 554.

② 巫宇甦主编：《证据学》，群众出版社 1983 年版，第 200 页。

③ 胡锡庆主编：《诉讼证据学通论》，华东理工大学出版社 1995 年版，第 43 页。

消失，整个社会就会充满不信任，从而动摇家庭关系、特定社会关系的稳固性，甚至会动摇整个社会正常发展的基础。

第二节 证人证据规则的完善

一、宣誓制度与保证书制度

目前，我国实行的是证人保证书制度。最高人民法院《关于适用〈中华人民共和国刑事诉讼法〉的解释》第211条规定，证人、鉴定人到庭后，审判人员应当核实其身份、与当事人以及本案的关系，并告知其有关作证的权利义务和法律责任。证人、鉴定人作证前，应当保证向法庭如实提供证言、说明鉴定意见，并在保证书上签名。该规定类似于我国台湾地区的具结制度，即“结文，应命证人签名、盖章或按手印”。① 英美法系也规定可以书面形式进行郑重承诺。

对于我国是否应采用宣誓制度，各界有不少争议。第一，宗教上的宣誓仪式会使证人唤醒良知，但是我国总体来说是一个非宗教信仰的国家，没有信仰的基础和传统。第二，是否口头的非宗教宣誓比书面的保证更有约束力，这也无法得出结论。况且，我们可以借鉴我国台湾地区结文由证人当庭宣读的具结制度。宣誓制度的最大价值莫过于让证人认识到宣誓的意义和作伪证应当承担的法律责任，促使证人据实陈述。因而，保证

① （台）陈朴生：《刑事证据法》，（我国台湾地区）三民书局1979年版，第379页。

书制度也无不可。

但是，在实行宣誓或具结的国家或地区，证前的宣誓或具结都是伪证罪的构成要件。这样的规定使得无论宣誓或具结都不仅仅是一种仪式，而成为证据可采和证人承担法律责任的基础。

二、传闻证据排除规则和证人出庭的义务

传闻证据规则是英美证据法中最重要的证据排除法则之一。最早确立传闻证据规则的国家是英国，这和英国实行陪审制度密切相关。在英国，最早的陪审团是一种“知情陪审团”，相当于现在的证人，陪审员了解案情的途径并不重要，无论他们是直接得知还是道听途说，都可以作为其判决的依据，除非有人证明其来源不可靠。如果在判决作出之后，发现陪审员是在出租车上或其他地方听一个喝醉酒的人或者其他不值得信赖的人说的，那么判决就会被推翻。后来，法官意识到运用传闻证据定案的危险性，开始禁止传闻证据在诉讼中使用。在 17 世纪后期，正式形成了传闻证据规则。

在具有普通法传统的美国，《联邦证据规则》第 802 条规定：“传闻证据，除本证据规则或其他联邦最高法院根据立法授权或国会立法所确认的规则另有规定外，不得采纳。”①

根据传闻证据规则，传闻证据一般不具有可采性，不得提交法庭进行调查质证；已经在法庭出示的，不得提交陪审团作

① 卞建林译：《美国联邦刑事诉讼规则和证据规则》，中国政法大学出版社 1998 年版，第 120 页。

为评议的依据。之所以要排除传闻证据，其原因主要在于以下几个方面：

一是传闻证据本身不是本人亲自在法庭上所作的陈述，因此存在转述不准确或伪造的可能。传闻证据属于第二手以上的证据材料，可能会由于故意或过失导致转述错误或出现转述的偏差。因此，如果允许采纳传闻证据，则不利于发现案件事实。

二是传闻证据是未经宣誓就提出来的，没有经过交叉询问程序，其真实性难以通过公正的诉讼程序加以证实。如果允许采纳传闻证据，则有悖于程序正义的要求。

三是传闻证据不是在裁判官面前所作的陈述。基于直接言词原则，证据调查应当在法庭上进行，以保证裁判官能够察言观色，辨明其真伪。但是，对于传闻证据，由于法官未能直接听取陈述人的陈述，因而不能根据陈述人的态度、表情、姿态等情况来综合地判断陈述内容的真实性。

四是基于保障被告人的宪法性权利——与对方证人的对质权的需要。随着传闻规则在近代的发展，排除传闻证据中保障人权的比重也在增加。在美国、日本等国家，传闻规则与被告人的宪法权利已经被紧密地联系起来。《公民权利和政治权利国际公约》第14条规定了与证人对质是被告人的权利。美国宪法和日本宪法都将“与对方证人对质”规定为是被告人的一项宪法性权利，如果允许采用传闻证据，则不能保证被告人此项权利的行使。因此，保障被告人与对方证人的对质权是排除传闻证据的一个重要理论根据。

传闻证据规则的基本要求是“直接感知案件情况的人应当出庭作证”。在大陆法系国家，虽然传统上不实行英美法系国家意义上的传闻证据规则，但是也存在类似的制度和规则。在大陆法系国家，随着书面审理制度被废止，各国普遍将直接言词原则确立为法庭审理活动的基本原则。根据该原则，只能以在法庭上直接调查过的证据作为裁判基础；记载审判前的侦查、起诉活动中的讯问、勘验、扣押、搜查结果的书面材料以及扣押物等，都需要在法庭上进行调查。例如，德国刑事诉讼法典第250条规定："对事实的证明如果是建立在一个人的感觉之上的时候，要在审判中对他询问。询问不允许以宣读以前的询问笔录或者书面证言而代替。"①我国台湾地区学者林山田认为："在审理中未由法官本人查证之证据，如行政机关的调查报告书，即非法院直接调查所得之证据资料，或如传闻证据等，均不得采作为判决之依据。原则上，对于证人之询问，不可以宣读前所询问而制成之笔录，或是以证人提出之书面声明代替之。"②

根据传闻证据规则，为了确保证人证言的真实可靠性，一般情况下传闻证据不具有可采性，应当予以排除。但是，如果绝对排除所有的传闻证据，会导致有相当一部分的案件事实无法查清，或者使查明案件事实的工作成本增大。例如，如果直接感知案件真实情况的人已经死亡或者下落不明时，一概否定传闻证据的可采性，则案件事实恐怕就无法查清了。

在英美证据法中，理论上一般认为，具备以下条件之一的

---

① 李昌珂译：《德国刑事诉讼法典》，中国政法大学出版社1998年版，第103页。

② （台）林山田：《论刑事程序原则》，载《台大法学论丛》1999年第28卷第2期，第122页。

传闻证据可以被采纳：一是具有“可信性的情况保障”。也就是说，该证据具有较高的可信度或者不具有通常情况下传闻证据的不真实的危险，即使不赋予对方当事人交叉询问的机会，也不会侵害到对方当事人的利益，此时，可以赋予其可采性。二是已经给予了反对询问或者质问的机会。例如，美国《联邦证据规则》第803条和第804条规定了两类例外：一类是陈述者可否作证无关紧要，另一类是陈述者不能到庭作证。

如前所述，传闻证据排除规则的主要价值在于通过证人宣誓和当庭质证来保证证言的真实性，从而防止伪证和错证。传闻证据排除规则在我国目前最大的意义在于排除证人的书面证言。我国现在证人的出庭率比较低，2012年刑事诉讼法修订之后，证人的出庭率没有明显变化，强制证人出庭的配套措施基本未用。[①] 究其原因，第一，强制证人出庭制度与现实状况不相匹配。由于案件数量和法官人数不成正比，加之案件审理期限的限制，强制证人出庭作证势必拖延时间，使案件的审理难度加大。第二，对于书面证言没有限制规定。我国《刑事诉讼法》第59条规定，证言应当经过质证；第187条规定，证人在一定条件下应当出庭作证，鉴定人应当出庭而不出庭的，鉴定意见不予采纳，但没有规定应当出庭的证人拒不出庭作证时其证言应如何处置，即没有建立传闻证据排除规则。

而传闻证据规则在我国的确立，对于正确处理案件、实现实体公正是有积极意义的。建立传闻证据规则的一个基础就是

---

① 龙宗智：《新刑事诉讼法实施：半年初判》，载《清华法学》2013年第5期。

应当建立交叉询问制度。交叉询问是英美法系国家的重要审判制度和证据规则，是当事人主义对抗制诉讼模式中最具有特色的制度之一。[①] 英美法系国家的对抗制审判方式强调控辩双方的直接对抗，并认为控辩双方的激烈对抗是发现案件事实的最有效途径，而法官则处于消极的中立的仲裁者的地位。为保证控辩双方能够激烈对抗，就必须赋予控辩双方平等的发言机会和对等的攻防手段，反映在质询方式上就是采用交叉询问方式，证人主要由当事人及其律师发问，法官对证人一般不予询问。

但在大陆法系国家，对证人进行质证的模式主要是职权询问，由法官主导证据的提出、调查和采纳程序，法官可以依职权询问被告人、证人，当事人双方则处于次要和消极地位。这与英美法系国家的典型的交叉询问制度截然不同。但是，后来随着审判实践的发展，一方面，英美法系国家发现完全由当事人主导的交叉询问可能导致一些诉讼争点含糊不清，而法官却无法掌握主动权，有碍于案件事实的发现；另一方面，也有部分大陆法系国家力求在法庭调查程序中充分调动双方当事人的积极性，以弥补法官主动询问的不足。于是，两大法系在交叉询问制度上出现了融合趋势，产生了一种混合式的交叉询问模式，这一模式结合了大陆法系职权主义询问制度和英美法系交叉询问制度的特点。混合式交叉询问模式又可以分为两种不同的类型：一是对于由当事人提出的证人，法官只是在当事人询问之前、之后或者询问过程中根据案件的具体情况介入案件询

① ［美］彼得·G. 伦斯特洛姆编：《美国法律辞典》，贺卫方等译，中国政法大学出版社 1998 年版，第 153 页。

问活动。二是对于由法官传唤的证人，首先由法官进行主询问，然后由双方当事人进行反询问。

无论通过何种方式对证人进行询问，都应当要求证人出庭作证，这样才能够查明案件事实，实现实体公正。

我们可以借鉴英美法系国家的传闻证据规则，建立起适合我国刑事诉讼现状的传闻规则。当然，建立该规则需要一系列的配套制度，如交叉询问制度、对抗制审判方式等，在我国当前尚未达到建立该规则的时机的情况下，我们基于实体公正的需要，应当努力做到的就是要求证人出庭作证。

三、证人特权规则

所谓证人拒绝作证权，是指在刑事诉讼中，符合法律规定、具有作证资格的证人，因其具有的特定身份和在特定情况下，所享有的拒绝提供证言的权利。也有学者称其为证人豁免权、证言拒绝权或证人特权。2012 年修改的刑事诉讼法增加了强制证人出庭作证制度，作为被强制出庭作证的例外，被告人的配偶、父母、子女享有拒绝出庭作证的权利，但这和证人拒绝作证特权相比具有天壤之别。首先，在权利享有人的范围上，只规定了被告人的配偶、父母、子女享有拒绝作证的权利；其次，在权利适用的时间段上，只能在审判阶段有拒绝出庭作证的权利；最后，仅仅排除法院以强制出庭作证的方式，对自愿出庭作证并没有限制。

行使证人拒绝作证特权的目的在于保护特定的关系或利益，这些关系或利益从社会整体来考虑比有关证人可能提供的证言更为重要。从拒绝作证特权的范围来看，除某些规定是为了维护国家利益外，其主要是为了避免某些人履行作证义务与其“良心”和“职业利益”相抵触，是出于现实的考虑。证人特权规则的规定主要是基于维护一定的信任关系，同时，当证人被强制作证时，会陷入情与法的两难境地，此时要求证人客观陈述其经历的事实，似乎有些强人所难。相反，如果法律基于证人中立性的可能缺失，让证人可以选择远离案件的牵连。

笔者主张基于价值权衡的要求。在我国刑事诉讼法中同样存在着比追究个案犯罪者刑事责任更为重要的价值，如夫妻之间的信任关系、医生与病人之间的信任关系、律师与当事人之间的信任关系、国家秘密的保护等，立法应当明确规定为了保护更重大价值的拒绝作证权。此外，规定证人拒绝作证的权利，也可以成为解决我国刑事诉讼中证人拒绝作证问题的措施之一。针对证人出庭难的问题，立法增加规定证人不出庭作证的处罚措施是必要的，但如果作出了这方面的规定，就必然涉及是否所有拒绝作证的证人都要受到处罚的问题。如果所有证人不出庭都应受到处罚显然不合理。所以明确规定证人有拒绝作证的特权，就可以合理规定对拒不出庭或拒不作证的证人的处罚措施了。

这一制度在一些国家和地区的刑事诉讼法中有明确规定。大陆法系和英美法系各国关于拒绝作证权的具体规定虽然因法律理念、历史文化、宗教信仰等因素的不同而有所区别，但总体上大同小异，概括起来主要有四类主体情形可以拒绝作证：拒绝自证其罪、公务秘密或身份、职业秘密、亲属或监护关系。

（一）拒绝自证其罪，即证人对自己的行为可以拒绝作证

拒绝自证其罪（Right Against Self - Incrimination）的权利在

英美法系国家的刑事诉讼程序中，尤其是在美国作为司法的基本原则发挥着保护人权的重要作用。历史上，美国联邦议会在1857年制定的免责法中最初规定了当事人及证人无自证其罪的义务。基于该权利，任何人都可以拒绝提供不利于自己的证据，或者拒绝对不利于自己的事项提供证言。该项权利不仅当事人享有，证人也同样享有。

英国上诉院枢密院在1993年的一个判例中，将此权利归类为沉默权（Right to Silence）。苏格兰1995年刑事诉讼法第266条第1款也规定当事人、证人有权拒绝自证其罪。

意大利1989年刑事诉讼法典第198条第2款规定："证人无义务就他可能因之而担刑事责任的真实作证。"

日本刑事诉讼法第146条规定："任何人对于自己有可能受到刑事追诉或受到有罪判决的证言，可以拒绝。"

我国澳门特别行政区刑事诉讼法典第119条第2款规定："如证人提出回答有关问题将导致其须负刑事责任，则无须回答该等问题。"

设置该项权利的目的在于保护一般公民免受国家权利侵害和不当刑事追诉。

（二）公务秘密或身份，即因公务知晓秘密或具有特定公务身份的人可以拒绝作为证人

例如，日本刑事诉讼法第144条规定，"对公务员或者曾经担任过公务员的人得知的事实"，"非经该管监督厅的承诺，不能作为证人询问"。第145条规定，"众议或者参议院的议员或曾经担任过此职务的人，非经该院承诺，不得作为证人询问"。

意大利刑事诉讼法典第201条、第202条分别规定："公务

员、公共职员和受委托从事公共服务的人员有义务不就因其职务原因而了解到的并且应当保密的事实作证。”“公务员、公共职员和受委托从事公共服务的人员有义务不就属于国家秘密的事实作证。”

我国台湾地区“刑事诉讼法”第179条第1款规定：“以公务员或曾为公务员之人为证人，而就其职务上应守秘密之事项讯问者，应得该管监督机关或公务员之允许。”我国澳门特别行政区刑事诉讼法典第123条规定：“不得向公务员询问其在执行职务时知悉且构成秘密之事实。”

（三）职业秘密，即因职业需要了解秘密的人，不能对此作证

例如，德国刑事诉讼法典第53条规定，因职业原因有权拒绝作证的人包括：神职人员、被指控人的辩护人、律师、专利代理人、财会师、宣过誓的查账员、税务顾问和税务全权代表、医生、牙科医生、药剂师和助产士。

意大利刑事诉讼法典第200条规定，下列人员没有义务就因自己职务或职业原因而了解到的情况作证：宗教职业的司铎、律师、法律代理人、技术顾问、公证人、医生、外科医师、药剂师、产科医师以及其他从事卫生职业的人。

俄罗斯联邦刑事诉讼法典第72条规定，下列人不能作为证人进行询问：刑事被告人的辩护人；由于履行代表人的义务，而知悉案件情况的律师、工会和其他社会团体的代表。

日本刑事诉讼法第149条规定，医师、牙科医师、助产士、护士、律师（包括外国法律事务律师）、代办人、公证人、宗教职业者或者曾经担任以上职务的人，对由于受业务上的委托而

得知的有关他人秘密的事实，可以拒绝提供证言。

我国台湾地区“刑事诉讼法”第182条规定：“证人为医师、药剂师、药商、助产士、宗教师、律师、辩护人、公证人、会计师或其业务上佐理人或曾任此等职务之人，就其因业务所知悉有关他人秘密之事项受讯问者，除经本人允许者外，得拒绝证言。”

我国澳门特别行政区刑事诉讼法典第122条第1款规定：“律师、医生、新闻工作者、信用机构之成员、宗教司祭或各教派司祭及法律容许或规定须保守职业秘密之其他人，得推辞就属职业秘密之事实作证言。”

（四）因亲属或监护关系，对其犯罪有权拒绝作证

例如，德国刑事诉讼法典第52条规定：“以下人员有权拒绝作证：被指控人员的订婚人；被指控人的配偶，即使婚姻关系已不再存在，曾被指控人现在或者曾经是直系亲属或者直系姻亲，现在或者曾经在旁系三亲等内有血缘关系或者在二亲等内有姻亲关系的人员。”

意大利刑事诉讼法典第199条规定：“被告人的近亲属，有收养关系、同居者、已分居的配偶没有义务作证……”

日本刑事诉讼法第147条规定：“任何人对于下列的人有可能受到刑事追诉或受到有罪判决的证言，可以拒绝：①自己的配偶，三亲等内的血亲或二亲等内的姻亲，或者曾与自己有此等亲属关系的人；②自己的监护人、监护监督人或保佐人；③由自己作为监护人、监护监督人或保佐的人。”我国台湾地区“刑事诉讼法”第180条第1款规定：“证人有下列情形之一者，得拒绝证言：一、现为或曾为被告或自诉人之配偶、直系血亲、

三亲等内之旁系血亲、二亲等内之姻亲或家长、家属者。二、与被告或自诉人订有婚约者。三、现为或曾为被告或自诉人之法定代理人或现由或曾由被告或自诉人为其法定代理人者。”

我国澳门特别行政区刑事诉讼法典第121条第1款规定：“下列之人得拒绝以证人身份作证言：a）嫌犯之直系血亲卑亲属、直系血亲尊亲属、兄弟姊妹、二亲等内之姻亲，收养人、嫌犯所收养之人及嫌犯之配偶，以及与嫌犯在类似配偶状态下共同生活之人；b）曾为嫌犯之配偶或曾与嫌犯在类似配偶状况下共同生活之人，就婚姻或同居存续期间所发生之事实。”

我国目前现行法律中尚未规定证人拒绝作证权。我国《刑事诉讼法》第60条规定：“凡是知道案件情况的人，都有作证的义务。生理上、精神上有缺陷或者年幼，不能辨别是非、不能正确表达的人，不能作证人。”这表明，在我国凡是知道案件情况而且具备作证能力的人，不论身份如何，均负有作证义务。笔者认为，对于这种状况应予以适当的修改，通过设立证人在特定情形下有拒绝作证的权利，以顺应国际刑事立法的潮流，进一步完善我国的刑事证据制度，从根本上减少或避免目前证人普遍拒绝作证的现象。

在我国刑事诉讼中规定证人拒绝作证权有其合理性。

首先，证人拒绝作证权是我国传统法律文化中的重要内容。我国几千年文明历史积淀形成的传统文化的一大特点就是，伦理文化的发达与法治文化的衰微几乎同样显著。社会关系主要由家庭、宗族的人际伦理关系构成并依靠一套完整的道德伦理观念紧紧维系，法律制度只是维护这种宗法伦理关系的一个重要手段。早在春秋时期，孔子就提出了“亲亲得相首匿”的亲属拒证权的原则。《论语·子路》中记载了孔子与叶公的一段对话："叶公语孔子曰：'吾党有直躬者，其父攘羊，而子证之。'孔子曰：'吾党之直者异于是：父为子隐，子为父隐。直在其中矣。'"汉朝儒家思想定为一尊之后，"亲亲得相首匿"便成为汉律中定罪量刑的一项原则。汉宣帝地节四年下诏曰："自今子首匿父母、妻匿夫、孙匿大父母，皆勿坐。其父母匿子、夫匿妻、大父母匿孙，罪殊死，皆上请廷尉以闻。"根据这一原则，卑幼首匿尊亲长，不负刑事责任，尊亲长首匿卑幼，除死罪上请减免外，其他也不负刑事责任。这一原则，自汉律开始，皆载于法典。"亲亲相隐、亲不为证"的诉讼制度在我国古代延续不衰，成为我国法律文化的一大传统。该传统将某些个案的司法利益让位于保护家庭、亲属关系的稳定与和谐，避免了将无辜的犯罪嫌疑人的近亲属置于两难困境，体现了法律的文明和人道主义精神。当前，随着我国社会主义市场经济的确立和发展，中华民族的一些传统道德观、价值观正面临着前所未有的冲击，重视亲情伦理的婚姻家庭观念也正日趋淡薄，婚姻家庭关系作为一种传统的社会控制力量日渐乏力。在此形势下，合理利用我国传统法制资源，继承和发扬传统法律文化，重视对婚姻家庭关系的保护，在证人具有特定亲属身份时，免除其作证义务，对于减少作为社会细胞的家庭的分裂、消除可能因此而导致的社会关系的紧张和稳定，无疑具有非常重要的现实意义。

其次，证人拒绝作证权有其合理的理论基础。许多国家或地区普遍规定了证人拒绝作证权，其原因在于有这样一种理论，即通过规定该项权利来保护隐藏于规则背后的特定社会关系。

我们知道，对于一个社会整体而言，维系其正常的运转和稳定需要多种因素的合力，如政治、经济、文化、法律、宗教、道德、伦理等因素，各种因素之间应当保持适度的和谐。一般情况下，某一领域具体社会制度的实施不应以对其他领域社会关系的破坏为代价。当不同的制度所维系的社会关系产生冲突时，制度设计的价值取向应当追求“两害相衡取其轻”的效果，换言之，法律制度（包括证据制度）与其他制度相比较，并不具有天然的优越性。当具有某种特定身份的人为了司法利益而作为证人，其结果又可能导致对另一种社会关系的破坏时，那么法律就有必要设置一定的特殊规则，允许他们可以拒绝作证，以使其保守秘密。这种拒绝作证权的理由在于“社会期望通过保守秘密来促进某种关系。社会极度重视某些关系，宁愿为捍卫保守秘密的性质，甚至不惜失去与案件结局关系重大的情报”。①

最后，证人拒绝作证权利是刑事法律民主和人道化的内在要求。证人拒绝作证权利中的拒绝自证其罪内容是当前世界上普遍认可的一项保护人权的重要规定。联合国《公民权利和政治权利国际公约》第 14 条第 3 款（庚项）明确规定，被刑事追诉者享受“不被强迫作不利于他自己的证言或强迫承认犯罪”的最低限度的保证。这一规定有两层含义：一是追诉者不得以暴力、威胁、利诱和其他方法迫使被指控者自证其罪；二是被指控者有沉默权，即拒绝供述权。这里的拒绝供述权与拒绝作

① ［美］乔恩·R. 华尔兹著：《刑事证据大全》，何家弘等译，中国人民公安大学出版社 1993 年版，第 28 页。

证权具有相近的含义。美国《联邦证据规则》规定，证人享有不受强迫自证其罪的特权，即当证人回答了某个问题就会自陷于罪时，证人即对该问题有拒绝回答权。此外，美国、日本等国还将此权利上升规定为宪法权利。通常情况下，在刑事诉讼中举证责任由控方承担，如果证人因为提供证言而使自己陷于自证其罪的境地，不啻让证人自己承担证明自己有罪的责任，这显然不符合刑事诉讼的内在逻辑要求，也与刑事法律文明与民主化的发展趋势背道而驰。因此，当符合资格且被要求提供证言的证人因作证可能会自陷于罪时，法律就应当赋予其拒绝作证的权利。

我国目前应当在刑事诉讼法中明确规定证人拒绝作证权，当然这必须结合我国当前的国情，同时适当地借鉴国外的立法经验。因公务或职业原因而知悉秘密的证人的主体范围在不少国家都规定得相当宽泛，就我国目前的实际情况来看，则不宜太宽泛。就公务而言，可以规定掌握国家秘密的国家工作人员有权拒绝作证；就职业而言，可以规定律师、辩护人有权拒绝提供不利于自己当事人的证言。关于由于具有亲属关系而拒绝作证的权利中的亲属关系，各国一般规定包括姻亲关系和血亲关系，姻亲关系主要指配偶，而血亲关系主要是直系血亲。就我国目前情况来看，亲属拒绝作证权的主体范围应当与现行刑事诉讼法第 106 条第 6 项关于“近亲属”的规定保持一致，即夫、妻、父、母、子、女、同胞兄弟姊妹。

四、证人保护规则

我国《刑事诉讼法》第 61 条规定：“人民法院、人民检察院和公安机关应当保障证人及其近亲属的安全。对证人及其近亲属进行威胁、侮辱、殴打或者打击报复，构成犯罪的，依法追究刑事责任；尚不够刑事处罚的，依法给予治安管理处罚。”第62条规定了在危害国家安全犯罪、恐怖活动犯罪、黑社会性质的组织犯罪、毒品犯罪等案件中对证人的特殊保护制度。同时，我国《刑法》第308条规定了打击报复证人罪。应该说，我国现行法律还是对证人提供了必要的保护制度的，但令人遗憾的是，目前这些保护措施并不足以真正有效、全面地保护证人，消除证人作证的后顾之忧。以加拿大为例，加拿大的《证人保护项目法》规定，经警方署长批准，保护措施可以包括受保护人的迁移、住所的提供和身份的改变，以及为确保受保护人的安全或便利受保护人的恢复或对自身需求的满足而为其提供的咨询及财政支持。①

我国当前非常有必要借鉴外国及其他地区的证人安全保护措施，以尽快建立和完善我国的证人安全保护制度。以下就美国及我国香港地区的证人特殊保护制度予以介绍。

随着经济全球化深入发展，一些犯罪呈现出国际化、组织化、智能化和恶性暴力化的特点，指证犯罪的证人面临着越来越大的危险和威胁，逃避作证的现象也日趋增多，这给各国司法机关打击犯罪增加了越来越大的难度，因为难以获取包括证人证言在内的足够的指控犯罪的证据。鉴于此，一些国家尝试建立一种更彻底地保障证人权利的特殊保护方法。

---

① 何家弘、张卫平主编：《外国证据法选译》（增补卷），人民法院出版社2000年版，第157页。

所谓证人特殊保护，是指国家设立专门的证人保护机构，对一些涉及重大案件、其证言有关键作用的证人采取的特定的保护措施。

美国于1970年通过了《有组织犯罪控制法》，并相应地于1971年制定了《证人安全方案》，确定了证人保护措施和程序规范。

《证人安全方案》由美国司法部警察署负责实施，并成立了专门的证人保护局，由160位受过专门训练的人证安全督察官组成一个工作网，分布于全国。另有15名接受过非常严格的证人保护训练的副警长作为保护人员，其任务就是保护并协助遇到危险的证人及其亲属。其具体的工作程序是：经各地的主管某一案件的检察官向司法部司法行动办公室提出证人保护申请，经审核批准后，交由证人保护局负责实施。证人保护局与证人签署谅解备忘录，然后将证人立即撤离危险地区并更名改姓，重新安排到安全地带工作和生活。在此期间，证人会得到证人保护机构的一份薪水及医疗费用，证人还将受到24小时的安全保护。证人转移之后，检察官还会帮助他们找工作、寻找新的家庭住处、安排孩子上学、解决医疗问题，为他们提供有关职业培训的费用等。同时，也要切断他们与旧有关系的一切联系。

自《证人安全方案》实施二十多年以来，已有近两万名证人得到保护和安全转移，受到保护的证人提供的证言使89%的被告人被定罪。此外，美国司法部还在社会治安状况较好的地区建立了数个“证人安全与适应中心”，作为被转移证人的临时保护和训练的基地，一切受保护的证人都可以通过这一中心参加保护方案。实践证明，美国的这一较为完善的证人保护方案已经成为司法部门打击犯罪的重要武器，确保了证人干预作证而不受打击报复。

我国香港特别行政区也有对证人进行特殊保护的制度。证人保护工作由警务总区和警务分区负责。1995 年 4 月 28 日，香港警方成立了由助理警务处长直接领导的保护证人组（Witness Protect Unit，简称 WPU），专门负责保护证人工作。受 WPU 保护的证人主要是香港刑事诉讼中所称的“恐惧证人”，即因作证而对自己或家庭成员的安全感到担心的证人。WPU 向证人提供保护的程度根据不同人和不同案件而有所不同。通常的措施有：24 小时贴身保护，为证人更换姓名、身份或整容，案件审理完毕后的继续保护，对证人亲属的保护等。重要案件中的重要证人，往往需要同时有四五名 WPU 成员来保护；实施全天候保护的，则需要 12 ~ 15 名 WPU 成员。在必要的时候，WPU 还会让证人移居其他国家或地区。

我国目前对证人的安全保护问题尚缺乏完善的法律规定，使得证人保护工作处于浅显阶段，但在实践中，已经有了对证人进行保护的先例。例如，1998 年 11 月，广东省广州市中级人民法院对由花都市人民检察院侦破、经广州市人民检察院起诉的一起涉嫌重大职务侵占案进行了开庭审理。法院要求该案的主要证人出庭作证。该案的主要证人是一名香港商人，他在接到出庭通知后，要求检察机关对其人身安全予以保护。花都市检察院为此成立了证人保护小组，从证人经深圳罗湖口岸进入内地即对其进行保护。证人出庭作证完毕后，由证人保护小组护送证人顺利出关返回香港，保护任务即告结束。此案当时经媒体披露后，引起广泛关注，要求制定相关的保护证人的法律的呼声也日趋高涨。

我国虽然规定了针对证人的一些保护措施，但这些措施在实际运用过程中是否能发挥作用、能发挥多大的作用尚不清楚，并且和国外及我国香港地区的相关制度进行比较，还存在着一定的差距，有必要借鉴美国及我国香港地区的证人特殊保护措施，以尽快建立我国的证人权利保护制度。笔者对此提出以下建议：

其一，建立刑事证人特殊保护制度。首先须确定保护对象的资格。由于当前我国经济尚不十分发达，财政实力有限，因此，所保护的对象的范围不宜太广，适用特殊保护的范围应当严格限定：必须是在侦查中对证实犯罪具有关键意义和重要作用的证人；该刑事案件必须为特别重大的有组织犯罪或毒品犯罪案件；有证据或迹象表明证人已经受到严重侵害的危险或威胁。只有同时具备上述三个条件的证人，才可被列为特殊保护证人予以保护。

其二，建立证人保护机构。在全国建立统一协调的证人保护机构体系。由公安部、国家安全部、最高人民检察院、最高人民法院联合成立一个全国性的证人保护中心，各系统设立相应的机构，并设置若干全国性证人保护基地，负责全国性重大案件的受害危险性大的证人的审核、批准与保护工作。同时，在各省、自治区、直辖市建立相应的地区性证人保护中心和证人保护基地，负责各省区、市范围内的重大案件的重要证人的保护工作。

其三，规定具体的保护措施。参考美国及我国香港地区的证人保护的举措，并结合我国的实际情况规定我国证人特殊保护措施。例如，在刑事诉讼期间，由专门的证人保护机构的人民警察负责证人及其近亲属的人身安全保护；对于面临高度、长期危险，确已无法在原居住地生活的证人，应将其迁至其他地方工作、生活，并为其提供完备的手续和必要的条件等。

其四，规定证人保护的程序。可由证人向侦查机关或司法机关提出申请，由证人保护机构核准后实施；也可由侦查机关、司法机关和证人保护机构在征得证人同意后决定实施。如果证人拒绝作证或作伪证，应立即停止适用保护措施。另外，应由证人保护机构确定证人保护的有效期限。

五、证人处罚规则

我国刑事诉讼法规定了证人不出庭的法律后果，对于应当出庭而不出庭作证的证人，法院可强制其到庭，证人没有正当理由拒绝出庭或者出庭后拒绝作证的，根据情节可予以训诫、拘留。但在实际操作中，这一规定很难落实。一是由于司法机关内部审案期限、结案率的考核标准的制约，使得司法机关没有时间、精力为证人未到庭而拖延时间。二是我国对证人拒绝出庭处罚机制并不完善。综合其他国家的立法例，有的国家还规定对于有作证义务的证人拒不出庭处以一定数额的罚款、拘留；有的国家还规定证人负责赔偿因诉讼拖延造成的损失。

证人拒证行为的违法性和对公安司法机关的正常侦查活动的妨碍已经严重地影响了公安司法机关的办案效率和质量。鉴于此，参考外国及一些地区的有益立法经验，明确我国拒证行为人的法律责任，加强对拒证行为的追究势在必行。

（一）外国及我国港、澳、台地区拒证行为的立法例

纵观世界各国及地区的刑事法律立法例，无论英美法系国家、大陆法系国家，还是我国香港、澳门、台湾地区，均有关于证人拒证行为的法律责任规定。

1. 美国

美国联邦法院和各州都对拒绝作证行为以藐视法庭罪予以惩处。美国联邦刑事诉讼规则和证据规则规定，按照一般规定，在刑事诉讼程序中，任何人都有作证的资格和义务。法院可以向证人发出传证令（Witness Order）或传票让证人出庭，证人拒绝出庭或拒绝作证将构成藐视法庭罪而受到惩罚。

美国1962年制定的《模范刑法典》（Model Penal Code）第241. b条规定："对与证人及情报提供者的不当活动，相信公之程序或调查活动正在进行或将进行，而对于证人或情报提供者以说服或其他方法欲使其为下列行为，即构成犯罪：A. 提供虚伪之证言或情报；B. 避免提供证言、情报或提出文书、物件；C. 规避令其作证或提出证据之传唤；D. 被合法传唤，而不予公之程序或调查时到场。关于本罪，行为人以威胁、欺诈、胁迫或提供财产上利益为手段犯之者，属于第三级重罪。其余场合属轻罪。"

另外，美国在其刑法的危害管理的犯罪（Offences Against the Administration Justice）中规定了"藐视罪"（Contempt），主要是指不尊重法庭、妨碍审判工作顺利进行的行为。

2. 英国

从某种意义上说，英国与美国的法律具有同源性，但实际上，两国在立法、司法上仍存在着一定的差异。英国的刑事诉

讼程序规定："证人拒绝作证的，可以按照藐视法庭罪，处一个月以下监禁或者20磅罚金。""这里的藐视法庭罪主要是指在审判过程中或即将审判之前用言语或行动当面藐视法庭……证人拒绝宣誓或回答合法提问，以及当庭令其退出法庭时拒绝退庭等，藐视法庭罪主要有八种类型。上述的容易引起不公正审判的行为所正对的必须是未决案件，或者（至少在刑事诉讼中）是即将着手处理的案件。"①

另外，在英国的刑事诉讼法"口证"一节中还规定："证人经传唤而未到庭时，法院可再通知其到庭，或者，在认定他是无正当理由拒不到庭时，可以签发逮捕证，必要时，可处以藐视法庭罪。"

3. 德国

1994年10月28日修订颁布、1994年12月1日生效的德国刑事诉讼法典第48条规定："传唤证人时应当同时对他告知如果应传不到的法定后果。"第51条第1项规定："依法传唤而不到场的证人要承担由于应传不到造成的费用。对他同时还要科处秩序罚款和不能缴纳罚款时易科秩序拘留。对证人也准许强制拘传。在再次应传不到的情况中，可以再一次科处秩序处罚。"

4. 法国

1959年法国刑事诉讼法典第109条规定："任何被传唤到庭作证的人，均应当出庭、宣誓并作证。"第110条规定："如果

---

① ［英］鲁伯特·克罗斯、菲利普·A. 琼斯著：《英国刑法导论》，赵秉志等译，中国人民大学出版社1991年版，第296页。

证人没有到庭，预审法官可以对拒绝出庭的证人采取传讯措施，通过警察强制其到庭，以传讯通知书进行并处第五级违警罪的罚款。证人不迟延地直接带到采取这一措施的法官处。证人如在此后出庭，在出具附理由的证明后，在共和国检察官的请求下，预审法官可以解除处罚。如果证人出庭但拒绝宣誓作证，预审法官也可对其处以同样的刑罚。根据上述规定被处罚的证人可以在处罚决定宣布后十日内上诉。”第111条规定：“对任何公开声称认识某种重罪或轻罪的犯罪人而又拒绝回答预审法官为此向他提出问题的人，应判处十一天至一年的监禁和三百七十五法郎的罚款。”第112条规定：“如果证人不可能出庭，预审法官应当亲自前往听取证言，或者为此目的而按照第一百五十一条规定的方式派人前往。”第113条规定：“如果按照前款规定听取其证言的证人，在接到传唤时并非不可能到庭而未到庭，预审法官可以判处证人四百至一千法郎的罚款。”

1810年2月12日公布、2月22日施行的法国刑法典第236条规定：“证人、陪审员，其不到庭之事由，经认定系虚假者，除就其不到庭应宣告罚金外，处六日以上二个月以下的监禁。”

1994年修订后的法国刑法典第434－12条专门规定：“公开承认自己认识重罪或轻罪之罪犯，但拒绝回答法官就此向其提出的问题的，处一年监禁并科十万法郎罚金。”

5．意大利

1988年9月22日通过并颁布、1989年10月24日生效的意大利刑事诉讼法典第207条规定：“司法警察如果在调查中发现证人的陈述自相矛盾、不完全或者与掌握的证据相抵触，庭长或者法官应向其指出上述情况，重申告诫。如果证人在法律明确规定的情况外拒绝作证，也应当重申上述告诫；如果证人继续拒绝作证，立即将有关文书移送公诉人，以便依法进行处理。”

1930年10月19日批准、1931年7月1日生效的意大利刑法典第366条“拒绝依法履行的职务罪”规定：“在被司法机关任命为鉴定人、议员或者刑事法官扣押的物品的保管人后，采用欺诈手段拜托出庭或履行职务的，处以六个月以下有期徒刑或者六万至一百万里拉罚金。应司法机关的传唤，履行上述某一职务的人，拒绝提供自己的一般情况的，拒绝按照要求提供宣誓的，或者拒绝担任或履行上述职务的，处以同样的刑罚。以上各款的规定也适用于应召向司法机关提供证言的证人和任何其他应召行使司法职能的人。”

6. 俄罗斯

1995年5月修订的俄罗斯联邦刑事诉讼法典第73条“证人的义务”规定：“证人必须依照调查人员、侦查员、检察长、法院的传唤到场，并作真实的陈述，叙说他关于案件所知悉的一切情况并回答。证人没有正当理由而不到场时，调查人员、侦查员、检察长和法院有权加以拘传。法院还有权对证人处以劳动工资标准三分之一以下数额的罚款。证人拒绝或规避提供陈述，依照苏俄刑法典第一百八十二条的规定担负责任，而故意作虚假陈述的，应当依照苏俄刑法典第一百八十一条的规定担负责任。”

1997年1月1日起施行俄罗斯刑法典，对苏俄刑法典作了修订，现行俄罗斯刑法典第308条“证人或受害人拒绝作陈述罪”规定：“证人或受害人拒绝作陈述的，处数额为最低劳动报酬五十倍至一百倍或被判刑人一个月以下工资或其他收入的罚金，或处一百二十小时至一百八十小时的强制性工作，或处一年以下的劳动改造，或处三个月以下的拘役。”

7. 日本

日本现行刑事诉讼法第150条规定，已经受到传唤的证人没有正当理由而不到场时，得以裁定处5000元以下罚金，并可命其赔偿由于不出庭所产生的费用。对于前项裁定，可以即时报告。第151条规定，作为证人受到传唤无正当理由而不到场的，应当处10万元以下的罚金或拘留。犯前项罪的，可以酌情并科罚金和拘留。第152条规定，对于不接受传唤的证人，可以再传唤或拘提。第153条规定，在解送受拘提要执行的证人时，如有必要可以暂行拘禁在附近的警察署或其他适当的场所。

8. 我国香港地区

我国香港地区的法律对传唤人不到场的处罚有明确的规定。《香港日用法律大全》［李宗锷编，商务印书馆（香港）有限公司1991年版］一书中这样介绍道：“刑事证人传票的用途是确保证人会到法庭作证，控方和辩方都可向法院申请发出证人传票。不事先申请和派送证人传票，证人即使答允出庭作证也可反悔不到庭。”“若证人不收传票，派票者只需将传票放在证人面前，然后记录当时详情，传票便算已送达。”“如果证人不在传票上指定日期、时间出庭，法官会传召派送传票的人，就派送传票事宜誓作证。然后会发出手令，指示将证人拘捕，在指定日期、时间将他带上法庭。到时，法庭如有需要，会听取证人就该案作证的证供，以及着令证人解释何以在初审之日未有出庭。如果法庭对证人缺席的解释不满意，可以判处证人罚款。”

另外，该书还介绍了对拒绝作证行为的处罚：“被传召到裁判法院或儿童法庭，而没有合理理由拒绝回答问题，也可判入狱，或在简易程序审讯中，可被罚款。在地方法院犯有类似行为，也可被罚款。”

9. 我国澳门地区

《澳门刑事诉讼法典》第119条第1款规定：“证人负有下列义务，但法律另有规定者除外：a）在所定之时间及地方向已对其作出正当传召或通知之当局报到，并听候其安排，直至该当局解除其义务为止；b）宣誓，如属向司法当局作证言；c）遵守向其正当指出、与作证言之方式有关之指示；d）据实回答向其提出之问题。”第103条规定：“一、依规则被传召或通知之人，无合理解释而不在指定之日期、时间到达指定之地点者，法官须判处未到场者缴付澳门币七百五十元至四千元之款项。二、法官得依职权或应声请命令拘留无合理解释而不到场之人，而拘留之时间系实施有关措施所必要之时间，并得判处该人缴付因其不到场而引致之开支，尤其是与通知、事务处理及各人之往来有关之开支；本款规定不影响上款之规定之适用。”

10. 我国台湾地区

我国台湾地区“刑事诉讼法”在第一编“总则”中规定了“人证”专节，其中对证人的传唤、证人到场义务及制裁作出了明确规定。第175条第1款、第2款规定：“传唤证人，应用传票。传票，应记载下列事项：一、证人之姓名、性别及住所、居所。二、待证之事由。三、应到之日、时、处所。四、无正当理由不到场者，得处罚锾及命拘提。五、证人得请求日费及旅费。”第178条规定：“证人经合法传唤，无正当理由而不到场者，得科以新台币三万元以下之罚锾，并得拘提之；再传不到者，亦同。前项科罚锾之处分，由法院裁定之。检察官为传唤者，应声请该管法院裁定之。对于前项裁定，得提起抗告。拘提证人，准用第七十七条至第八十三条及第八十九条至第九十一条之规定。”

上述众多国家和地区对拒证行为的处罚，从立法形式上看可以归结为以下两种类型：一是仅在刑事程序法中予以规定相应的罚则，但并没有在刑事实体法中规定为犯罪，如德国、日本以及我国台湾、澳门地区。二是既在刑事程序法中予以规定罚则，又在刑事实体法中明确规定为犯罪。这是在大多数国家的立法例中较为普遍的做法，同时也是比较规范的做法，如法国、意大利、俄罗斯。

从实体法和程序法各自的完整性上来考虑，从实体法和程序法两方面来加以规定证人拒绝作证的处罚，是值得我国借鉴的。一方面，在诉讼上对拒证行为予以定罪处刑，表现为拘传、罚款、拘留等司法强制措施。另一方面，在刑法中，对司法强制措施给予国家强制力的保障。如此，既可减小轻微的拒证行为的刑罚化，也能从不同层次上对拒证行为进行法律制裁。

（二）我国对拒证行为的刑事责任追究制

我国现行法律中对证人没有正当理由拒绝出庭或者出庭后拒绝作证的，人民法院可予以训诫，情节严重的，经院长批准，处以10日以下拘留。从《刑事诉讼法》第188条的规定来看，对无正当理由拒绝作证的证人处罚仅限于对在审判阶段不出庭作证的证人。同时，这一处罚的规定在实践中也没有发挥实质性的作用。因此，在侦查实践中，形成了案件知情人无任何正当理由却“有权”拒绝作证的不合理、不合法的现象。

事实上，我国早在唐代就有对拒不作证行为予以处罚的法律。《唐律》明确规定，“诸证不言情，及译人诈伪，致罪有出入者，证人减二等，译人与同罪”，即对拒绝作证的人处以比该案原告轻二等的罪。

当前我国正处在“依法治国，建设社会主义法治国家”的伟大进程中，因此完善拒证行为刑事责任追究制，有着十分重要的现实意义。

我国《宪法》第33条第4款规定：“任何公民享有宪法和法律规定的权利，同时必须履行宪法和法律规定的义务。”《刑事诉讼法》第60条第1款规定：“凡是知道案件情况的人，都有作证的义务。”由此可见，我国公民具有作证的义务，在相关法律规范中就应当对证人的出庭作证的义务以及拒不履行的法律后果予以明确规定。我国刑事诉讼法只对此作了原则性的规定，并没有对证人的权利、义务作出明确、具体、全面的规定。为了规范证人在刑事诉讼中的行为，我国《刑法》第305条规定了“伪证罪”，对证人的作伪证和隐匿罪证行为明确予以刑事处罚。同时，第311条规定：“明知他人有间谍犯罪行为，在国家安全机关向其调查有关情况、收集有关证据时，拒绝提供，情节严重的，处三年以下有期徒刑、拘役或者管制。”但是，除此之外对于其他拒证行为的规定却处于空白状态，致使证人拒证这一严重妨碍公安司法机关的正常诉讼活动和削弱宪法权威的行为得以规避，而得不到应有的法律制裁。

从完善国家刑事法律的角度来考虑，以宪法规定为依据，对拒证行为进行刑事立法、追究其刑事责任是符合法理学原理的，追究拒证行为的刑事责任也是有刑法理论依据的。在我国刑法理论中，根据居于核心地位的犯罪理论，判断一行为是否构成犯罪，最根本的一点即是考虑其社会危害性及其严重程度。而严重社会危害性的成立要求同时具备行为的侵害性以及与该社会主体意志的不相容性。不言而喻，拒证行为是与我国的社会主体意志（即统治意志）格格不入、互不相容的。同时，拒证行为的社会危害性也是显而易见的。

首先，拒证行为严重扰乱、妨碍了公安司法机关依法进行的正常的诉讼活动，从危害性方面看，它无异于严重妨碍刑事诉讼活动的作伪证、隐匿毁灭罪证的行为。其次，拒证行为以不作为形式阻碍了公安司法机关对案件真实情况的查明，从而影响了案件在查清事实的基础上得以公正的审理和裁判，有时导致犯罪人逃避法律制裁或无辜者被错误追究刑事责任。因此，从这层意义上讲拒证行为是对公民包括犯罪嫌疑人和被害人的合法正当权益的侵害。最后，证人以消极不作为形式违反了国家宪法和刑事诉讼法关于公民义务的规定，行为的结果不仅妨碍了公安司法机关的正常活动，更重要的是践踏和削弱了宪法和法律的权威和严肃性，破坏了国家的法律建设。证人拒证行为除了具有社会危害性外，还具有刑事可罚性。我国刑事诉讼法明确规定了证人具有作证的义务，由于拒证行为的社会危害性是肯定的、明显的，因此行为的主体对行为的法律后果应当承担法律责任，这也是应当的和合乎逻辑的。

另外，从前述列举的其他国家或地区的刑事法律中，也有先例可循。不论是以美国为代表的英美法系国家，以法国、德国为代表的大陆法系国家，还是与我国一衣带水的邻邦日本以及我国的港、澳、台地区，均在刑事法律中对拒证行为有明确的制裁规定。这些刑事立法较为完善的国家或地区的刑事诉讼程序能顺利正常进行，其较为完整的证人行为规范是不可或缺的。

基于以上原因，建议我国尽快制定和完善对无正当理由拒绝作证行为的法律后果予以制裁的法律条款，具体建议为：参考借鉴法国、意大利和俄罗斯等国的经验，即在程序法和实体法上同时对证人拒绝作证行为的法律后果予以明确规定。首先，在《刑事诉讼法》有关证人出庭作证或接受侦查机关询问规定的章节中，增设对证人的传唤、拘传、罚款和拘留措施：对经两次合法传唤无正当理由拒不到场的，可拘传到场；对经侦查人员询问拒绝提供证言或虽到场但拒绝提供证言的，处以1000元以下罚款或15天以下拘留。其次，在刑法分则第六章“妨害社会管理秩序罪”中的第二节“妨害司法罪”中增设“证人拒绝作证罪”，其法定刑可规定为“处1年以下有期徒刑、拘役或者管制，可以单处或并处罚金”。

第三节　关于警察作证问题

警察作证问题对于我国刑事司法制度的改革具有重要意义。前面所论述的对于证人制度的完善问题的一个重要方面就是警察作证问题，这也是目前我国司法界普遍存在的一个问题，在此有必要单独作为一个问题加以论述。

一、英美法系和大陆法系的规定

（一）英美法系的规定

英美法系国家追求的是程序正义，认为证人是指除审判人员外所有了解案件情况的人，警察作为侦查人员不在审判人员之内，因而应当出庭接受法庭质询。

在英国，“警察是法庭的公仆”，警察有义务为法庭审判的顺利进行和保证司法公正提供服务，警察出庭作证自然也就顺理成章。警察出庭作证和普通证人一样，作证前要手按圣经发誓，如果所说不属实就会构成伪证罪。控辩双方都有权利传唤警察出庭作证，传唤警察出庭作证的目的在于了解警察在侦查过程中实施的侦查行为是否合法，如搜查、扣押、逮捕、讯问、现场勘验等。

美国《联邦证据规则》第601条规定：“除该规则另有规定外，每个人都有资格作证。”“另有规定”只排除了法官和陪审员的证人资格，警察不在排除之列。所以，只要案件需要，警察就应当出庭作证，像普通证人一样宣誓，接受控辩双方的质证。若警察在宣誓后说谎，将会构成伪证罪；如果警察对法院的通知置若罔闻，则可能构成妨害司法罪。

（二）大陆法系的规定

大陆法系大多数国家的传统理论主张办案的法官、检察官、警察不得同时作为证人，如意大利。随着两大法系的融合，警察出庭作证这一制度也逐渐被大陆法系国家所接受。

意大利刑事诉讼法典规定，司法警察和警员不得就从证人那里得知的陈述内容作证，在同一诉讼中担任法官或公诉人职务的人以及他们的助理人员不得兼任证人。

在德国和法国，检察官有权指挥、监督、领导警察的所有侦查活动，所以检察官有权指挥警察办案、出庭作证。在法国，警察作为行政机关的工作人员，在法庭上就其进行的勘验与检查作证说明介绍时，应当进行证人宣誓。

在我国台湾地区，司法行政部门虽然认为审理刑事案件时，除有必要，宜避免传唤协助办案之司法警察人员到庭作证，其需查明事实，可酌用公文查询，但实践中法院遇到不甚明了之处，亦常传唤办案之司法警察人员作证，说明侦缉情形。①

英美法系和大陆法系在警察出庭作证制度上既有相同点又有不同点。其共同点是：首先，两大法系在理论上都没有排除警察作证制度，大多数国家都是允许警察出庭作证的；其次，警察出庭作证都像普通证人一样接受控辩双方的质证，作伪证或拒绝作证要受到处罚。其不同点是：首先，英美法系警察出庭作证的适用情形比较多，大陆法系相对来说比较少。这主要是由于两大法系的诉讼价值追究不同造成的，英美法系更多的是追求程序正义，有着严格的证据排除规则，控辩双方就对证据的可采性方面争议较多，需要警察作证的情况也就比较多。其次，在大陆法系国家中，警察出庭作证要说明自己是否出于自愿；而英美法系国家警察出庭作证的范围要大得多，除了言词证据外，还要对侦查行为的合法性予以说明。

综上所述，警察出庭作证有别于普通证人作证的一点在于，

---

① （台）周叔厚主编：《证据法各论》，（我国台湾地区）三民书局2000年版，第145页。

普通证人是以其亲自感知的案件事实在法庭上提供证人证言；而警察出庭作证不仅包括以其了解的案件事实提供证人证言，更重要的是在法庭上就其侦查行为的合法性接受控辩双方的质证和法庭的询问。

二、我国的法律规定及分析

2012 年修改的刑事诉讼法加入了警察出庭作证的条文，第 187 条规定："公诉人、当事人或者辩护人、诉讼代理人对证人证言有异议，且该证人证言对案件定罪量刑有重大影响，人民法院认为证人有必要出庭作证的，证人应当出庭作证。人民警察就其执行职务时目击的犯罪情况作为证人出庭作证，适用前款规定……"这是否就意味着我国也确立了像英美法系国家一样的警察出庭作证制度呢？答案是否定的。下面对我国法律规定的警察作证制度作一分析。

（一）警察出庭作证制度在我国法律上的规定存在相互矛盾之处

我国《刑事诉讼法》第 60 条关于证人资格的规定，排除了生理上、精神上有缺陷或者年幼，不能辨别是非、不能正确表达的人作为证人，其他凡是知道案件情况的人都有作证的义务。按照第 60 条的规定，警察在通常的情况下是不具有证人排除资格的。《刑事诉讼法》第 187 条规定了警察在一定条件下应当出庭作证，但在同一部法律中，《刑事诉讼法》第 28 条却规定侦查人员在担任过本案的证人后应当回避，也就是说警察在特定情形下不能兼任证人。

2010 年最高人民法院、最高人民检察院、公安部、国家安全部、司法部联合发布的《关于办理刑事案件排除非法证据若干问题的规定》（以下简称《五机关规定》）第7条第1款规定："经审查，法庭对被告人审判前供述取得的合法性有疑问的，公诉人应当向法庭提供讯问笔录、原始的讯问过程录音录像或者其他证据，提请法庭通知讯问时其他在场人员或者其他证人出庭作证，仍不能排除刑讯逼供嫌疑的，提请法庭通知讯问人员出庭作证，对该供述取得的合法性予以证明……"虽然只是针对侦查人员取得的供述作证，但这是我国首次提出的侦查人员为证明侦查行为的合法性应当出庭作证的要求。在随后的2012年刑事诉讼法中，第57条第2款规定，现有证据材料不能证明证据收集的合法性的，人民检察院可以提请人民法院通知有关侦查人员或者其他人员出庭说明情况。《刑事诉讼法》第57条通知侦查人员到庭的条件比《五机关规定》要宽泛，针对侦查行为中证据收集的合法性在现有证据材料无法证明的情况下可以通知侦查人员到庭。但是，《刑事诉讼法》第57条却将《五机关规定》中的"出庭作证"一词修改为"出庭说明情况"，这显然是对警察证人身份的模糊化处理。①

（二）我国警察出庭作证的法律规定缺乏执行力

我国《刑事诉讼法》第187条关于人民警察就其执行职务时目击的犯罪情况作为证人出庭作证是需要满足一定条件的，一是公诉人、当事人或者辩护人、诉讼代理人对此有异议；二是人民警察目击的犯罪情况的证言对案件定罪量刑有重大影响；

① 谢波：《我国刑事诉讼警察出庭作证问题探讨》，载《河南警察学院学报》2014年12月。

三是人民法院认为证人有必要出庭作证。《刑事诉讼法》第188条第1款规定，经人民法院通知，证人没有正当理由不出庭作证的，人民法院可以强制其到庭，但是被告人的配偶、父母、子女除外。

法律规定证人出庭作证的决定权在法院手中，也就是说，法院有权决定警察是否出庭作证，但在实践中，警察不出庭作证依然是我国刑事诉讼中的一大难题。

1. 思想观念的影响

第一，警察证人和普通证人一样，受中国传统的诉讼观念影响，对作证有着抵触心理。

第二，警察作证的公务性是警察证人不同于普通证人的重要特征之一。警察维护着社会治安，是打击犯罪的中坚力量。在部分警察的观念里，警察是特权的象征，他们从来都是询问或者讯问的主角、发动者，岂能成为被质问的对象？[①]

第三，我国诉讼模式的构造影响警察出庭作证。公安机关、人民检察院、人民法院三机关“分工负责、相互配合、互相制约”是我国刑事诉讼的基本原则，笔者认为这一原则也存在着弊端。刑事诉讼的过程分为三个阶段，分别是由公安机关主导的侦查阶段、由检察院主导的审查起诉阶段、由人民法院主导的审判阶段，三机关分别在三个阶段各自独立地实施诉讼行为。警察在侦查阶段获取的证据往往具有隐秘性、单方面性，侦查结果对检察机关的审查起诉具有重大的决定性影响，这就使得侦查阶段成为整个诉讼的中心，法院遵循不告不理的原则，难

---

① 王超：《警察作证若干问题研究》，载《法学》2002年第6期。

以对侦查活动进行司法监督。而且在实践中，警察是否出庭作证的决定权并不在法院手中，仍由侦查机关决定警察是否出庭作证。四川省公安厅在2012年刑事诉讼法修订之后制定的《四川省公安机关侦查人员出庭作证工作规定（试行）》第12条规定："侦查人员在接到人民法院出庭作证通知书后应当报请县级以上公安机关批准。不得擅自参与其他任何组织或个人的出庭作证活动……"

2. 警察出庭作证的范围不清

我国刑事诉讼法规定人民警察就其执行职务时目击的犯罪情况作为证人是出庭作证，而对人民警察在侦查过程中证据收集的合法性是出庭说明情况。"出庭作证"和"出庭说明情况"显然不是同一概念的两种表达方式。法庭上进行审查的不仅有事实问题还有程序问题。警察在侦查活动中了解到的不仅仅是犯罪事实问题，还涉及程序方面的问题，如逮捕、拘留、扣押、检查勘验笔录等。程序方面的合法与否可能导致对证据的排除或者采纳，进而影响案件的定罪量刑。所以，警察不仅仅应当对侦查过程中了解的事实问题进行作证，更应当对程序性问题接受控辩双方的质证。

3. 客观情况的制约

第一，侦查机关警力不足。我国大陆地区警察的比例占人口总数的万分之十左右，而发达国家和地区一般都在万分之三十以上，我国香港特别行政区则更是高达万分之五十以上。

第二，审判机关"案多人少"。在美国、英国，警察之所以在法庭上出庭作证，一个主要的原因就是这些国家有发达的案件分流机制，最后进入法庭审判的案件很少。我国法院则面临着“案多人少”的客观情况，加之每个案件都有审理期限的规定，通知证人出庭作证有时会造成时间的拖延，特别是通知警察出庭作证需要经过的程序更多。

第三，不合理的考核机制。以逮捕率、结案率为考核标准，势必把法院、检察院、公安机关绑为一体，它们有着共同的目标——定罪。为防止时间的拖延和被告人的反驳，对警察出庭作证也就没有强制力的约束了。

三、警察出庭作证的必要性

目前，尽管学术界对于质证制度的具体内容还存在较大争议，但是对于质证的基本构成要素却基本上没有分歧。从学者们的论述来看，刑事质证制度的内容主要包括以下几个方面：质证的主体，质证的对象，质证的内容，质证的方法，以及质证的规则等。笔者认为，至少从完善我国刑事质证的对象、内容、方式三个角度来看，均离不开警察出庭作证。

（一）完善质证的对象需要警察出庭作证

在我国法学界，对于如何界定质证的对象，一直是一个颇具议性的话题，到目前为止尚未达成一致的看法，可谓众说纷纭。其主要观点可分为三种。第一种观点认为，质证的对象仅限于证人证言。[①] 例如，《刑事诉讼法》第59条规定：“证人证言必须在法庭上经过公诉人、被害人和被告人、辩护人双方质

① 《北京大学法学百科全书》编委会主编：《北京大学法学百科全书》，北京大学出版社2001年版，第715页；王策来著：《刑事诉讼立法研究》，中国人民公安大学出版社1993年版，第48页。

证并且查实以后，才能作为定案的根据……”显而易见，这个条文仅仅规定了证人证言必须经过质证，对于与证人证言同属言词证据的被害人陈述、被告人供述和辩解以及鉴定意见是否需要质证，现行刑事诉讼法未作进一步规定。那么，对证人证言以外的其他言词证据和物证的审查判断是不是无须经过质证，而是可以采取其他手段？根据《刑事诉讼法》第190条的规定①，这些手段就是辨认和提出意见，而辨认和提出意见与质证是有着本质差异的。第二种观点认为，质证的对象仅包括言词证据，因为实物证据是“哑巴证据”，质证主体不可能对它进行“询问”。② 第三种观点认为，质证的对象是诉讼双方向法庭提交的全部刑事证据，即现行刑事诉讼法第48条规定的八种证据。③

笔者认为，第三种观点更为合理一些。首先，从我国《民事诉讼法》第68条的规定④来看，其质证的对象包括所有的证据种类。既然同属程序法，为什么刑事诉讼法规定的质证对象范围较窄，而民事诉讼法规定的质证对象范围较宽？这难道是两部程序法的区别之所在？显然不是。或许是意识到了这一

---

① 《刑事诉讼法》第190条规定：“公诉人、辩护人应当向法庭出示物证，让当事人辨认，对未到庭的证人的证言笔录、鉴定人的鉴定意见、勘验笔录和其他作为证据的文书，应当当庭宣读。审判人员应当听取公诉人、当事人和辩护人、诉讼代理人的意见。”

② 金友成主编：《民事诉讼制度改革研究》，中国法制出版社2001版，第185页；叶向阳：《论质证制度及立法完善》，载《法律科学》1995年第3期，第92页。

③ 陈光中主编：《诉讼法理论与实践》（刑事诉讼卷），人民法院出版社2001年版，第494页。

④ 我国《民事诉讼法》第68条规定：“证据应当在法庭上出示，并由当事人互相质证……”

点，最高人民法院《关于适用〈中华人民共和国刑事诉讼法〉的解释》中就将刑事质证的对象扩大到所有证据，[①] 而不再仅仅限于证人证言。其次，言词证据是通过人的感觉器官对所发生的案件事实加以感知，经过大脑储存记忆之后，再通过人的口头陈述而固定下来的一种证据，这就难免打上认知主体自身的烙印，掺杂着其主观的因素。因此，言词证据的弱点就是容易受到各种主客观因素的影响从而出现虚假或失真。这正是言词证据必须经过质证才能作为定案根据的真谛所在。既然同属言词证据，为何将证人证言以外的言词证据排除在质证对象之外呢？难道其他证据比证人证言更真实从而不需要质证吗？答案应当是否定的。最后，实物证据尽管属于“哑巴证据”，具有较强的客观性、稳定性，不易失真，但是，所有的实物证据并不会自动地出现在法庭上，它必须由一定的人收取并向法庭提供，而这一过程必然掺杂着一定的主观因素。换言之，任何诉讼主体提出的实物证据并不能必然排除其人为的或无意识的扭曲变形或失误，从而导致其客观性大打折扣。即便是实物证据未遭到任何人为地破坏，也不能表明其必然具有关联性，而关联性的有无直接影响证据的证明力的大小。况且，在司法实践中，由于对实物证据忽略了质证，从而导致审查不严、核实不清，进而产生冤假错案。因此，实物证据也必须经过质证。

既然质证的对象应当界定为全部证据，那么警察出庭作证

---

① 最高人民法院《关于适用〈中华人民共和国刑事诉讼法〉的解释》第63条规定：“证据未经当庭出示、辨认、质证等法庭调查程序查证属实，不得作为定案的根据，但法律和本解释另有规定的除外。”

以接受控辩双方的质证也就顺理成章了。第一，对勘验、检查笔录的质证需要警察出庭作证。所谓勘验、检查笔录，主要是指侦查人员对于案件有关的场所、物品、人身、尸体进行勘查、检验时所作的客观记录。[①] 虽然此类证据记载的内容具有较强的客观性，不含有其制作主体即侦查人员的主观分析成分，但是它像其他实物证据一样也会不可避免地受到记载人的影响，制作人在制作过程中极有可能发生漏记、误记情况，个别情况下甚至还会掺杂有反映人主观认识的内容。因此，只有让承担记录任务的警察出庭作证接受控辩双方的质询之后，才能对勘验、检查笔录的证明力作出全面的评判。否则，此类笔录的错误之处将很难被发现，案件的真实情况可能因此而被遮掩。司法实践中出现的冤假错案之所以屡屡发生，与此不无关系。第二，对鉴定意见的质证在大多数情况下需要警察出庭作证。如前所述，既然质证的对象包括所有证据种类在内，那么鉴定意见当然也不例外。但是，对鉴定意见的质证为何需要侦查人员出庭作证呢？这是因为，在目前的鉴定体制下，鉴定意见可以说大部分都是由侦控部门尤其是侦查机关来完成的，而且对于某些鉴定，如刑事技术鉴定必须由侦查机关来完成。[②] 即便其他类型的鉴定不是由侦查部门完成的，根据公安部《公安机关

① 值得说明的是，根据《刑事诉讼法》第 191 条的规定，法庭审理过程中，合议庭对证据有疑问的……人民法院调查核实证据，可以进行勘验、检查、查封、扣押、鉴定和查询、冻结。对此形成的笔录是否也需要质证，实践中的做法不一。笔者持肯定的态度。

② 《公安部刑事技术鉴定规则》第 2 条规定：“刑事技术鉴定的范围：必须是与犯罪案件有关的物品、文件、痕迹、人身、尸体。”第 3 条规定：“刑事技术鉴定，由县以上公安机关的刑事技术部门负责进行。”

办理刑事案件程序规定》第245条、第246条的规定，侦查机关对于其他部门的鉴定还可以补充鉴定或者重新鉴定。在这种情况下，不难看出，如果承担鉴定任务的侦查人员不出庭作证接受控辩双方关于鉴定意见方面的质询，那么对鉴定意见的质证基本上是一句空话。

（二）完善质证的内容需要警察出庭作证

对于刑事质证的内容，学术界一般认为包括证据的客观性、关联性和合法性三个方面。但是如何充分有效地质证刑事证据的“三性”尤其是合法性，需要承办案件的警察出庭作证。下面以刑事证据的合法性为例说明这一点。

随着现代社会民主与政治的不断发展以及人类文明的不断进步，人们的权利也越来越受到重视，而国家的权力越来越受到一定限制。这反映在现代刑事诉讼中就是越来越强调程序公正与保护人权，国家绝不能因为控制犯罪的需要而过分追求实体真实或者不择手段，惩罚犯罪也绝不能以牺牲当事人的合法权利为代价。正因为如此，在刑事诉讼中，现代国家无不强调证据的合法性。为了使定案的证据具备合法性，无论是英美法系国家还是大陆法系国家无不通过建立非法证据排除规则对侦查人员的非法取证行为予以限制。根据《刑事诉讼法》第54条以及《人民检察院刑事诉讼规则（试行）》第65条至第67条的规定，可见我国已基本上确立了非法证据排除规则。① 但是，如何对刑事证据的合法性进行质证，以确认非法证据的存在，进而对其予以排除，这在客观上就需要警察出庭作证，就其取证行为接受控辩双方的质询。这是因为，一方面，公诉人对侦查人员收集证据的过程缺乏详细的了解，如果他仅凭侦查笔录或者侦查机关的情况说明是难以令人信服的。② 而负责侦查案件的警察对收集证据的全过程了如指掌，所以对证据是否合法心知肚明，此时由警察出庭就证据的合法性予以阐述最为适宜。因

---

① 《刑事诉讼法》第 54 条规定："采用刑讯逼供等非法方法收集的犯罪嫌疑人、被告人供述和采用暴力、威胁等非法方法收集的证人证言、被害人陈述，应当予以排除。收集物证、书证不符合法定程序，可能严重影响司法公正的，应当予以补正或者作出合理解释；不能补正或者作出合理解释的，对该证据应当予以排除。在侦查、审查起诉、审判时发现有应当排除的证据的，应当依法予以排除，不得作为起诉意见、起诉决定和判决的依据。"

《人民检察院刑事诉讼规则（试行）》第 65 条第 1 款规定："对采用刑讯逼供等非法方法收集的犯罪嫌疑人供述和采用暴力、威胁等非法方法收集的证人证言、被害人陈述，应当依法排除，不得作为报请逮捕、批准或者决定逮捕、移送审查起诉以及提起公诉的依据。"第 66 条第 1 款规定："收集物证、书证不符合法定程序，可能严重影响司法公正的，人民检察院应当及时要求侦查机关补正或者作出书面解释；不能补正或者无法作出合理解释的，对该证据应当予以排除。"第 67 条规定："人民检察院经审查发现存在刑事诉讼法第五十四条规定的非法取证行为，依法对该证据予以排除后，其他证据不能证明犯罪嫌疑人实施犯罪行为的，应当不批准或者决定逮捕，已经移送审查起诉的，可以将案件退回侦查机关补充侦查或者作出不起诉决定。"

② 从我国刑事证据的立法与理论来看，诸如情况说明之类的证明材料，既不是证人证言，也不是书证，更不是物证。因此，此类材料根本不具备证据资格，而不具备证据资格的所谓证明材料当然不具备证明力。

此，从客观上讲，公诉人员需要警察出庭作证，对其取证行为的合法性予以阐述，以反驳辩方就某个证据的合法性提出的质疑。另一方面，被告人对其是否实施犯罪行为最为清楚，再加上其本身就是侦查人员收集证据的对象，因而他对于警察是否非法收集证据也知根知底，如果警察出庭作证，接受辩方的质询，就能够达到排除非法证据的目的，从而保护其合法权益。可以说，警察出庭作证是控辩双方“双赢”的要求。

值得注意的是，我国最高司法机关已经意识到了这一点。根据最高人民法院《关于适用〈中华人民共和国刑事诉讼法〉的解释》第 203 条、第 218 条[①]以及《人民检察院刑事诉讼规则（试行）》第 445 条的规定[②]，公诉人应当就物证、书证等实物证据的来源、特征等作必要的说明，让辩方辨认并发表意见。而控辩双方难免发生争议，一旦发生争议，根据《人民检察院

---

① 最高人民法院《关于适用〈中华人民共和国刑事诉讼法〉的解释》第 203 规定：“控辩双方申请证人出庭作证，出示证据，应当说明证据的名称、来源和拟证明的事实。法庭认为有必要的，应当准许；对方提出异议，认为有关证据与案件无关或者明显重复、不必要，法庭经审查异议成立的，可以不予准许。”第 218 条规定：“举证方当庭出示证据后，由对方进行辨认并发表意见。控辩双方可以互相质问、辩论。”

② 《人民检察院刑事诉讼规则（试行）》第 445 条规定：“公诉人向法庭出示物证，应当对该物证所要证明的内容、获取情况作概括的说明，并向当事人、证人等问明物证的主要特征，让其辨认。宣读书证应当对书证所要证明的内容、获取情况作概括的说明，向当事人、证人问明书证的主要特征，并让其辨认。对该书证进行鉴定的，应当宣读鉴定意见。”

刑事诉讼规则（试行）》第448条的规定[①]，公诉人应当出示、宣读有关诉讼文书、侦查或者审查起诉活动笔录。如果控辩双方对上述笔录仍存在争议，公诉人根据需要，可以建议合议庭通知负责侦查的人员出庭陈述有关情况。[②] 可以说，这些规定是目前我国刑事质证制度中要求警察出庭作证的最直接依据。

（三）完善质证的方式需要警察出庭作证

所谓质证的方式，是指质证的方法和形式。目前，我国立法并未对质证的方式作出明确的界定，但从学者们的论述来看，主要有以下几种方式：对质、质疑、辩驳、辨认、说明和辩论、出示和宣读、交叉询问，其中交叉询问是质证的基本方式。[③] 虽然能在刑事诉讼法或司法解释中找到上述质证方式的一些零星规定，司法实践中也在逐步认同和摸索这些质证方式，但仍存在诸多缺陷，其质证的效果亦是相去甚远。例如，根据《刑事诉讼法》第156条以及最高人民法院《关于适用〈中华人民共

① 《人民检察院刑事诉讼规则（试行）》第448条规定："在法庭审理过程中，对证据合法性以外的其他程序事实存在争议的，公诉人应当出示、宣读有关诉讼文书、侦查或者审查起诉活动笔录。"

② 《人民检察院刑事诉讼规则（试行）》第449条规定："对于搜查、查封、扣押、冻结、勘验、检查、辨认、侦查实验等侦查活动中形成的笔录存在争议，需要负责侦查的人员以及搜查、查封、扣押、冻结、勘验、检查、辨认、侦查实验等活动的见证人出庭陈述有关情况的，公诉人可以建议合议庭通知其出庭。"

③ 何家弘主编：《证据学论坛》（第三卷），中国检察出版社2001年版，第272~276页；陈光中主编：《诉讼法理论与实践》（刑事诉讼卷），人民法院出版社2001年版，第495页；何家弘、杨迎泽著：《检察证据教程》，法律出版社2002年版，第250页；叶向阳：《论质证制度及立法之完善》，载《法律科学》1995年第3期，第89页。

和国刑事诉讼法〉的解释》第143条、第145条、第146条的规定，在我国，向证人或鉴定人发文，事先必须经法庭的准许，而并非为传唤证人或鉴定人的相对方的当然权利。而且，在我国，从询问规则所涉及的内容上并未划分主询问与反询问之间的界限以及与此相应的适用规则。[①] 又如，在司法实践中，证人、鉴定人、被害人不出庭的现象大量存在[②]，由此导致控辩双方根本无法对证人证言、鉴定意见、被害人陈述等作出充分有效的质证，而控诉方卷宗上的笔录实际上已成为法官作出裁判的主要根据。难怪有人哀叹质证在某种程度上已变成了“纸证”。[③] 解决上述缺陷的最重要的措施就是尽快彻底确立直接言词原则，因为在诉讼中，只有贯彻直接言词原则，才能给庭审质证提供必要的前提条件，并使质证具有实质的内涵。[④]

为了确保程序公正与审判公开，伴随着西方资产阶级革命，大陆法系国家经过对中世纪纠问式诉讼制度的改革和扬弃，确

---

① 毕玉谦著：《民事证据法判例实务研究》（修订版），法律出版社2001年版，第359页。

② 在实践中，我国证人、鉴定人出庭作证率非常低。有关数据可参见陈卫东主编：《刑事诉讼法实施问题调研报告》，中国方正出版社2001年版，第126页；陈光中主编：《刑事诉讼法实施问题研究》，中国法制出版社2000年版，第67页；何家弘主编：《证据学论坛》（第二卷），中国检察出版社2001年版，第486~487页。

③ 甄贞等著：《程序的力量——刑事诉讼法学研究随想》，法律出版社2002年版，第310页。

④ 毕玉谦著：《民事证据法判例实务研究》（修订版），法律出版社2001年版，第360页。

立了直接言词原则。[①] 该原则在设计质证制度层面的含义主要是在法庭上提出的任何证据材料均应以言词陈述的方式进行，诉讼各方对证据的调查应以口头方式进行，如以口头方式询问证人、鉴定人、被害人等，以口头方式对实物证据发表意见等，任何未经在法庭上以言词方式提出和调查的证据均不得作为法庭裁判的根据。由此可以推论，侦查人员作为证据的提供者，证人证言、被害人陈述及犯罪嫌疑人、被告人供述和辩解的记录人，勘验、检查笔录和某些鉴定意见的制作主体，出席法庭作证接受控辩双方的交叉询问是贯彻落实直接言词原则的重要体现。

四、我国警察不作证对刑事质证制度的负面影响

根据我国《刑事诉讼法》第28条的规定，担任过本案的证人的侦查人员应当自行回避，当事人及其法定代理人也有权要求他们回避。学术界和司法界亦普遍认为，证人必须是在诉讼之前了解案件情况，并以本人所知道的情况对案件事实作证。所以证人具有不可替代性，而警察只是在侦查机关立案之后即在参与侦查过程中才了解到有关案件情况，并且警察是可以替换的。换句话说，在我国的刑事诉讼中，承办案件的侦查人员不能同时充当办案的证人，否则就会与其承担的诉讼职责不相符合，可能影响案件的公正处理。于是，在我国刑事庭审中，警察出庭作证在司法实践中十分罕见。龙宗智教授将警察不出

---

① 英美法系国家中尽管没有这一规则，提供证言或者证据材料的原证人在一般情况下应当出庭，当面接受控辩双方的交叉询问，而禁止法庭采用“传闻证据”。由此可见，二者就质证而言真可谓“殊途同归”。基于此，为了论述的方便，本书仅就直接言词原则展开论述，而不涉及传闻证据规则。

庭作证列入中国作证制度三大怪现状“黑名单”之中。[①] 而警察不出庭作证对质证制度的影响是相当大的。具体来说，我国警察不出庭作证对刑事质证制度的负面影响主要表现在以下几个方面：

（一）质证的范围受到限制

如前所述，质证的对象应当包括全部证据，质证的基本内容是证据的客观性、关联性和合法性。然而，在警察不出庭作证的情况下，这些根本不能完全实现。

1. 非法证据难以质证

目前，我国侦查人员的非法取证行为在一定范围内还相当普遍，而我国又没有很好地建立相应的过滤机制，使得大量的“毒树之果”被吞食。其重要原因之一就在于警察没有出庭作证。

首先，根据“谁主张、谁举证”的原则，公诉机关是提出积极主张的一方，它不仅要运用证据证明其实体主张是成立的，而且要运用证据证明其收集证据的程序合法，否则就要承担对其不利的法律后果。而公诉机关既不是收集证据的主体，没有参与到侦查人员的取证过程中去；也没有对侦查过程进行全程录音录像的权利。因此，在侦查人员不出庭作证的情况下，有时公诉机关确实很难证实其提供的证据的合法性，很难对辩方

① 龙宗智：《中国作证制度之三大怪现状评析》，载《中国律师》2001 年第 1 期，第 75 ~ 77 页。

的质疑提出合理的解释。①

其次，我国侦查机关的一些取证行为是在秘密状态下进行的，不仅犯罪嫌疑人无法参与其中，而且拥有一定调查权的辩护律师由于没有询问在场权等监督性的权利，也不能对侦查机关的取证行为实施有效的制约。因此，在取证能力极其有限的情况下，让辩方拿出证据证明侦查机关所获得的证据是非法的几乎成为不可能。在这种情况下，辩方只能寄希望于侦查人员出庭作证，以质证的方式来揭露非法证据。

2. 使笔录的质证落空

在司法实践中，有许多证据尤其是言词证据，经常表现为各种侦查活动的笔录，如犯罪嫌疑人、被告人的讯问笔录，被害人、证人的询问笔录，勘验、检查笔录等。侦查人员作为笔录的制作人，应当对笔录的真实性、合法性负责，对是否客观全面地记录被讯问者或被询问者所陈述的内容负责。如果控辩双方在庭审中对笔录的真实性、合法性问题产生争议，只能由制作笔录的侦查人员出庭作证，证明该笔录的真实性。尤其是当碰到合理的翻证、翻供时，更应当由警察出庭作证，与被记录人当庭对质。然而，在我国刑事庭审中，法庭几乎都无一例外地允许公诉人直接宣读各种侦查笔录，而不传唤其制作人及侦查人员出庭作证，加上笔

---

① 正如有人所精辟指出的："面对这种辩护理由，检察机关一方面因为证据并非自己收集，也不需要自己负责而漠然置之，另一方面又因为自己没能查明证据系非法证据而处于被动境地。但当检察机关准备防止或消除这些非法证据的产生时，又感到无能为力。"参见黄永：《检警关系的若干思考——从非法证据的排除谈起》，载《人民检察》2000 年第 12 期，第 14 页。

录上一般都有诸如“以上笔录我看过，与我说的相符”字样以及被记录人的签名，在警察不出庭作证以接受辩方质询的情况下，指望辩方提供有力的反驳是不现实的。

（二）削弱了辩方的质证权

现代刑事诉讼对公正的追求首先体现在控辩双方平等对抗、法官居中裁判的程序框架上，而控辩双方平等对抗的基础是控辩双方力量上的平等。在刑事诉讼中，作为代表国家机关的检察机关的力量无论是从哪个角度上讲，都远远超过作为公民个人的辩方。因此，为促使双方的力量尽可能的接近，立法者在进行程序设计时往往需要为控方规定更多的诉讼义务而赋予辩方更多的诉讼权利。这一理念反映的是辩方能与控方分庭抗礼，为被告人的合法权益申辩。从前文的阐述中不难看出，警察出庭作证实际上等于给辩方行使质证权增添了一枚重重的砝码。失去这个砝码，辩方的质证权将会遭到削弱，对被告人合法权益的保护也将更加艰难。在刑事诉讼中，赋予被告人在法庭上向对方证人进行质证的权利，是国际上普遍承认的一项保护公民权利的司法准则。例如，根据联合国《公民权利和政治权利国际公约》第 14 条第 3 款第 5 项的规定，任何人在遭到刑事指控时，他在法庭上都有权在庭审中对那些证明其实施了犯罪行为的人提出质疑和质问。[①] 侦查人员作为控方的支持者，当然也不能例外。

从我国目前的制度设计来看，让辩方收集对被告人有利的无罪、罪轻的证据，的确存在非常大的难度，这就迫使辩方常常将

---

① 程味秋、杨诚、杨宇冠编：《联合国人权公约和刑事司法文献汇编》，中国法制出版社 2000 年版，第 92 页。

自己的重心放在寻求控方证据是否存在漏洞上面来。而经过公诉机关筛选并向法庭提交的控诉证据，至少在形式上是无懈可击的。因此，辩方所要寻找的所谓漏洞，不得不集中于侦查人员的调查取证过程当中。但是，在辩方无法对侦查人员的侦查行为行使有效监督的情况下，辩方往往不得不又将目光转移到法庭上并期望有与侦查人员直接对话的机会。如果辩方失去了这样的机会，被告人恐怕只能以“雄辩”或者“纯粹的技巧”取胜了。因此，如果被告人没有机会质询对自己不利的人，这不管从哪个角度上讲，都是对辩方质证权的削弱。也许正是由于侦查人员不出庭作证从而导致被告人的质证权的削弱这一缘故，再加上人类与生俱来的自我保护意识，使得被告人翻供现象十分普遍。①

（三）质证的效率下降

在实践中，侦查机关用刑讯逼供、威胁、引诱、欺骗、非法搜查、扣押、窃听等非法手段收集证据的行为仍然屡禁不止。在我国刑事庭审过程中，被告人及其辩护人也常常辩称其口供系侦查人员以刑讯逼供、威胁、引诱、欺骗等非法取证方法所获得的，而要求排除这些非法证据。面对这种辩护理由，因为证据并非检察机关自己收集，加上警察不出庭与辩方当庭对质，所以公诉人在这种情况下往往无法对此予以回应，但为了确保司法公正和履行法律监督职能，公诉人又不能不对此一概不予理睬。这往往迫使法官宣布延期审理，以查清侦查人员是否有非法取证行为，但检察机关对警察的刑讯逼供等非法取证行为

① 陈卫东主编：《刑事诉讼法实施问题调研报告》，中国方正出版社2001年版，第176页。

的调查往往由于碰到各种阻力或者取证困难而无功而返。而辩方有时为了保护自己的合法权益却不依不饶，这就常常导致案件久拖不判，既有违司法公正又影响了司法效率。其症结就在于警察没有出庭作证。而一旦侦办案件的警察能够出庭作证，在很大程度上就能当庭解决上述问题而不必延期审理，从而减少波斯纳所说的“错误消耗”，提高司法效率。

（四）质证的目标难以实现

很显然，设立质证制度的重要目的，不仅在于为法官准确地认证设置一个过滤程序，从而保障实体上的公正；而且在于为被告人提供机会发表自己的观点，以及反驳对方提出的观点和证据，对作出正确的裁判结果起着积极的影响，从而彰显程序上的公正。然而，在警察不出庭作证的情况下，恐怕难以真正实现这一点。首先，在警察不出庭作证的情况下，很多有瑕疵的证据由于没有受到辩方充分的质证而被法庭采信，难免使法庭在认定案件事实上存在一定的偏差。其次，在警察不出庭作证的情况下，被告人丧失了对其质询的机会，这不仅使其质证权遭到削弱，从而不利于保护自己的合法权益，而且使控辩双方的权利义务失衡，从而使程序上的公正也遭到破坏。

依据前面的论述我们不难得出结论：目前，无论是从理论上分析，还是从实践中考量，我国刑事质证制度都亟待完善。不言而喻，完善我国刑事质证制度需要“综合治理”。笔者认为，创立警察作证制度是其中的重要措施。创立警察作证制度不仅能解决当前质证制度中的诸多顽症，而且必将使我国质证制度的设置更趋科学与合理。

首先，创立警察作证制度，能够在很大程度上确保被告人直接面对于己不利的人，使其感觉到他的道德主体地位得到确认，他的人格尊严受到尊重，对裁判结果在心理上产生一种满足感，从而尽显质证制度的程序价值。其次，创立警察作证制度，能够确保刑事诉讼证据中最重要的收集者和制作人向法院阐明证据的证明能力和证明力。对法官而言，他多了一条多角度、多方位地认识和了解案件事实的渠道，避免产生对被告人不利的预断、偏见等心理缺陷，从而对案件作出更为客观、公正的裁判。对公诉人员而言，他多了一条提高控诉证据的证明能力与证明力以及反驳辩方的途径，从而确保控诉成功。就辩方而言，他增添了对控诉证据展开辩驳的良机，从而积极地影响裁判朝着自己有利的方向发展。而且，一旦警察出庭作证，所谓的“纸证”“笔录主义”将不复存在，正义的法庭来得也更为直接。再次，创立警察作证制度，从一定程度上讲对保障被告人的质证权更加有利，可以促进质证的平衡发展。最后，创立警察作证制度，可以使证据的质证更加全面、客观，从而提高质证的效果。

主要参考文献

［1］张玉镶、文盛堂著：《当代侦查学》，中国检察出版社1998年版。

［2］胡锡庆主编：《诉讼证据学通论》，华东理工大学出版社1995年版。

［3］金光正主编：《司法鉴定学》，中国政法大学出版社1995年版。

［4］储槐植等主编：《犯罪学大辞书》，甘肃人民出版社1994年版。

［5］赵炳主编：《证据法学》，四川大学出版社1990年版。

［6］熊则坤著：《侦查辩证法》，警官教育出版社1997年版。

［7］沈政主编：《法律心理学》，北京大学出版社1986年版。

［8］杨春洗、杨敦先主编：《中国刑法论》，北京大学出版社1994年版。

［9］王以真主编：《外国刑事诉讼法》，北京大学出版社1989年版。

［10］杨鑫辉著：《中国心理学思想史》，江西教育出版社